W0196222

Tausend Wunder ziehen bei uns ein

Tausend Wunder
ziehen bei uns ein

Das nostalgische Frühlingsalbum

benno

Bibliografische Information der Deutschen Nationalbibliothek
Die Deutsche Nationalbibliothek verzeichnet diese Publikation in der
Deutschen Nationalbibliografie; detaillierte bibliografische Daten sind im
Internet unter http://dnb.d-nb.de abrufbar.

Besuchen Sie uns im Internet:
www.st-benno.de

Gern informieren wir Sie unverbindlich und aktuell
auch in unserem Newsletter zum Verlagsprogramm,
zu Neuerscheinungen und Aktionen. Einfach anmelden
unter www.st-benno.de

ISBN 978-3-7462-5140-0

© St. Benno Verlag GmbH, Leipzig
Zusammenstellung: Volker Bauch, Leipzig
Umschlaggestaltung: Rungwerth Design, Düsseldorf
Gesamtherstellung: Kontext, Lemsel (A)

Inhalt

Frühlingsgefühle

Alle Vögel sind schon da

Ostern, Ostern, Auferstehen

Osterhas & Co

Im wunderschönen Monat Mai

9

Frühlingsgefühle

O wär im Februar ...

O wär im Februar doch auch,
Wie's ander Orten ist der Brauch
Bei uns die Narrheit zünftig!

Denn wer, so lang das Jahr sich misst,
Nicht eiw zu andrer Frist
Wohl jemals ganz vernünftig.

Theodor Storm

Im Märzen der Bauer

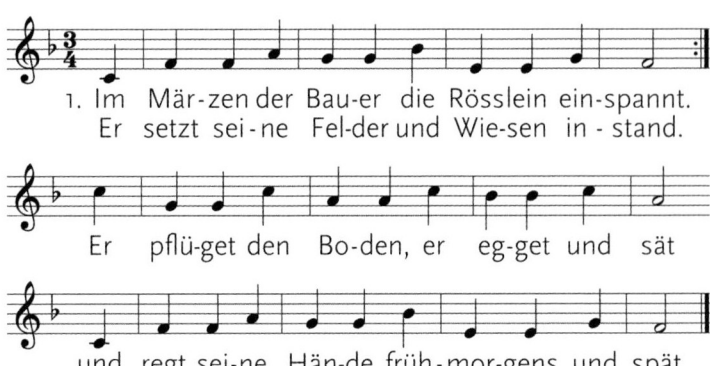

1. Im Mär-zen der Bau-er die Rösslein ein-spannt.
Er setzt sei-ne Fel-der und Wie-sen in-stand.
Er pflü-get den Bo-den, er eg-get und sät
und regt sei-ne Hän-de früh-mor-gens und spät.

2. Die Bäuerin, die Mägde, sie dürfen nicht ruhn,
sie haben im Haus und im Garten zu tun;
sie graben und rechen und singen ein Lied
und freun sich, wenn alles schön grünet und blüht.

3. So geht unter Arbeit das Frühjahr vorbei,
dann erntet der Bauer das duftende Heu;
er mäht das Getreide, dann drischt er es aus:
Im Winter, da gibt es manch fröhlichen Schmaus.

Volkslied aus Mähren

Aber der Frühling

Und trotzdem naht wieder ein Frühling. Die Dunkelheit der Abende wird lichter, schon setzen ungeduldige Sträucher, der Kälte nicht achtend, die ersten harten Knospen an, und der Mensch, hineinhorchend in sein dummes Herz, glaubt dort ein Knistern zu vernehmen wie von leise brechendem Eis. Der Frühling kommt. Verlorene in der Wirrsal ihres Geschicks liebäugeln heimlich mit der Möglichkeit, trotz allem sich wiederzufinden, den Alten ist es, als fielen ein paar Jahre von den müden Schultern, die nun leichter tragen, Sterbende, obschon sie wissen, dass sie's sind, träumen von Gesundheit. Frühling. Die Natur schickt sich an, ihre süßesten Gnaden auszuschütten über eine Welt, die dieser Gnaden nicht würdig ist. Dass sie ihrer dennoch wieder teilhaftig wird, stärkt den Glauben, sie sei noch nicht völlig verworfen vor dem Angesicht des Ewigen, festigt die Hoffnung, er wolle noch ein paar Millionen Jährchen Geduld mit ihr haben, damit sie sich besinne auf die Glücksmöglichkeiten, die ihr gegeben sind, und ablasse, mit so verbissenem Wahnwitz an deren Verschüttung zu arbeiten.

Der Frühling kommt so sicher wie der Tod. Es sind diese beiden Sicherheiten, die die Waage irdischen Geschehens im Gleichgewicht halten.

Alfred Polgar

 ## Auf dem Lande

Der Frühling ist nirgend reizender als hier. Armer Freund! Sie reden auch vom Frühling? Sie, die im Rauche einer engen Stadt eingeschlossen leben und die Stimme der Nachtigall nur bei den Poeten hören? In Städten, glauben Sie mir, ist nur ein halber Frühling: Der Hauch der Weste ist daselbst nur halb so lieblich, und die Blumen lachen mit einem nur gemeinen Reize. Dort kennet man die Schönheiten der Natur bloß dem Namen nach. Nur auf dem Lande kennet, fühlet und genießt man sie: Und ich kann, ohne zu lügen, sagen, dass ich auf dem Lande bin, ob ich gleich in einer Stadt mich aufhalte, die nicht wenig Lärmen verursachet.

Ich kann wie auf dem Land und als ein Schäfer leben:

Als Schäfer? ich betrüge mich!
Wer wird mir Schäferinnen geben?
Und ohne Schäferin sind Schäfer lächerlich.
Zwar Mädchen sind hier, wie Göttinnen,
So artig, als die Schäferinnen;
Doch nicht so fromm, wie sie und ich.
Sie sind, wie überall, die Quelle süßer Schmerzen,
Voll Unschuld auf der Stirn, voll Schelmerei im Herzen.
So schlimm dies Völkchen ist, wer, leider(!), liebt es nicht?
Ein schöner Blick war stets dem Weisen überlegen:
Ein Blick entrunzelt sein Gesicht:
Der Fromme sündigt ihretwegen,
Schielt übern Cubach weg und spricht:
Ach, wär kein Mädchen auf Erden.
Wir würden alle selig werden!

Dergleichen Gedanken schleichen, wenn ich mich der hohen poetischen Sprache, ich, der ich unpoetisch bin, bedienen darf, selbst in meinem geheimsten Herzen zuweilen herum, bei meinen einsamen Spaziergängen, wo alles um mich herum lacht. Was für entzückende Spaziergänge! Hier verlohnet sichs doch der Mühe, dass ich meine verwöhnten Füße ermüde. Sie sollten nur sehen, wie ich laufe, ich, den Sie oft faul gescholten haben, weil ich Ihnen auf Ihren Tagreisen durch meist unangenehme Örter zu folgen, keine Lust hatte! Hier bieten die angenehmsten Szenen der Natur sich mir selbst und ungesucht an.

Kaum eil ich fliegend aus den Toren;
So kann ich mich im Grünen sehn;
So fühl ich freier Lüfte wehn:
Die Lerche singt; ich sehe Floren
Durch hundert Gärten landhaft gehen.
Nicht mit beseeltem Marmor strahlen,
Nicht mit Orangenwäldern prahlen
Die Gärten hier zur schönen Zeit.
Nebst einem kleinen Sommerhause,
Zu einem abendlichen Schmause
Gewähren sie der Fröhlichkeit
Viel Gras, sich scherzend hinzustrecken,
Und Amors Freuden zu verstecken,
Viel Schatten, viele Dunkelheit.
Vergnügen lacht auf allen Wegen
Im Schoß des Frühlings mir entgegen,
Und Lust begegnet jedem Blick.

Johann Peter Uz

 Der Frühling

Frühling Gottes, du erneuerst den Menschen wie den Boden des Felds. Im Winter schläft die ganze Natur, und auch der Mensch, wenn er des Lebens Wonne in Einfalt genießt, suchet Ruh im Winter und genießt vielen Schlaf. Wenn er in den kalten Tagen sich mit wilden Spielen erhitzet, so raubt er sich die Jahre des Lebens.

Aber wenn der Winter ewig dauert, was wär der Mensch? Sein Geschlecht würde hinabsinken an die Grenzen der trägsten, niedersten Tiere.

Frühling Gottes, du erneuerst die Erde und erhaltest den Menschen in seiner Würde.

Die Erde danket es nicht den Gewaltigen, und sie preiset die Könige nicht dafür, dass noch Menschen auf ihr leben.

Die Winterspiele der Großen fressen weit und breit das arme Geschlecht auf, und wenn's ewig Winter wäre, so würde die Welt außert den Pforten ihrer weiten Höfe zur Einöde.

Holder Frühling, du erntest die Ruh des Manns, den Gottes Winter erquickt, und setzest auch den Toren Grenzen, die die kurzen Tage über nur spielten. Der Mann der Erde geht erneuert aus seiner Hütte und ist selig bei seiner Arbeit.

Über ihm ist Gott, der die Fürsten lehret, den Mann nicht zu töten, der die Erde bauet, und das Weib nicht hungern zu lassen, das Kinder gebiert.

Holder Frühling, du nährest die Pflanzen wie deine Kinder und beherrschest mit deinen Freuden die Erde.

Preise, o Erde, die Freuden des Frühlings, würdige tief hinunter die Freuden des Golds!

Wer kauft die Wonne des Frühlings? Wer zahlt die Freuden der keimenden Erde?

Wer ist der Gewaltige, der sie den Sklaven entreißt und den Königen kauft?

Preise, o Erde, die Freuden des Frühlings, würdige tief hinunter die Freuden des Golds!

Wer kauft die Wonne des Frühlings? Wer zahlt die Freuden der keimenden Erde?

Das milde Wehen der westlichen Winde, der neue Teppich der Erde, der Blüten Gerüche, die duftenden Wiesen und die wärmende Sonne ist dein, o Armer, und wenn du das Deine genießest, ist das, was Könige hinzukaufen, deiner Wünsche nicht wert.

Frühling der Erde, wer dich genießet, den machest du weise. Fürsten, die sich Götter glauben, und Prinzen, die wie Tiere leben, fühlen in deinem Genuss wieder den Segen ihrer Menschheit.

Wenn der Mann der Erde im Winter seinen Sohn vergisst und das Weib ihre Tochter in feile Ammenarme hinwirft, so kommst du, holder Frühling, und Tränen fallen aus den Augen der Menschen, die ihre Kinder vergessen, wenn du mit den Reizen deiner mütterlichen Schönheiten ihre Torheit besiegest.

Holde Wärterin der Erde, du erhaltest das Herz der Menschen, du machest den Mächtigen gütig und den Unterdrückten zufrieden, du zerstreuest den giftigen Hass, du dämpfest die brennende Wut; du lenkest den Arm des Rächers beiseits, du zerteilest die Falten des Neids, du erheiterst die Wolken des Trübsinns.

Wärterin der Erde, du heilest den Kranken, du erfreuest den Gesunden, du zerstreuest den Toren; du befriedigest die

Schalkheit, du bezähmest den Wilden und steurest der Bosheit.

Alles was an deinem Busen sich schmieget, atmet wie im Heiligtum Gottes himmlische Lüfte.

Dir dienet die neue Sonne wie der hohe Priester im Tempel des Herrn.

Im Winter ist die Sonne dem Erdball wie ein Fremdling und wie ein Weib, das vor seinem Anbeter sein Antlitz verschleiert.

Aber in deinen Tagen, holder Frühling, entschleiert die kommende Braut ihr Antlitz freundlich vor ihrem Geliebten, und die Sonne erscheint wie der Priester des Allerhöchsten, der die Erde segnet in seinem Tempel vor deinem Altar.

Holder Frühling, Mutter des Lebens, erscheine, erscheine doch wieder!

Zögere nicht länger, Mutter des Lebens, entbinde die tragende Erde und sei uns milde!

Holder Frühling, sei uns milde in der Geburtsstunde des sich erneuernden Erdballs.

Holder Frühling, sei milde dem Armen, sein Vorrat ist hin, seine Kinder hungern, sein Weib ängstet und jammert für den morgenden Tag. Holder Frühling, siehe herab auf seinen Mangel, wirf dein Antlitz auf sein Elend; er verschleußt seinen Kindern den Samen des Brots, dass er ihn in die Erde werfe, die ihn im Herbst erst wieder zurückgibt. – Holder Frühling, erbarm dich des Samens der Armen, schone sein keimendes Brot, decke seinen Garten beim kalten Mondschein mit Nebel, dass kein Reifen bei ihm ansetze und ihm seine Saat schädige.

Milder Frühling, schütze den Armen und erweiche den Reichen, wenn Reif und Hagel das Brot des Elenden schädiget.

Milder Frühling, wenn die neue Erde nun da ist in aller Schönheit der neugeborenen Tochter, so erneuere dann auch den Herrn der Erde.

Seine Jahre gehen vorüber wie die Jahre der Pflanze und der Bäume.

Wenn er Kinder geboren, so ist sein Frühling vorüber, und sein Sommer ist da.

Frühling der Erde, gib dem Menschen Gefühl für die Lehren der weisen Natur, dass im Sommer ihres Lebens ihre Blüten nicht verwelken, ehe sie zur Früchten erwachsen, die in ihren herbstlichen Tagen erst reifen.

Frühling des Lebens, gib dem Menschen Gefühl für die Lehren der weisen Natur.

Priesterin Gottes, du bist Auferweckerin der toten gestorbenen Erde.

Heil mir, Priesterin Gottes! Du lehrest mich Auferstehung.

Holder Frühling, du erweckest die gestorbene Erde ins Leben.

Holder Frühling, ich glaube
deiner Lehre und sinke mit
Hoffnung ins Grab.

Heinrich Pestalozzi

Karneval

Auch uns, in Ehren sei's gesagt,
Hat einst der Karneval behagt,
Besonders und zu allermeist
In einer Stadt, die München heißt.
Wie reizend fand man dazumal
Ein menschenwarmes Festlokal,
Wie fleißig wurde über Nacht
Das Glas gefüllt und leer gemacht,
Und gingen wir im Schnee nach Haus,
War grad die frühe Messe aus,
Dann konnten gleich die frömmsten Fraun
Sich negativ an uns erbaun.
Die Zeit verging, das Alter kam,
Wir wurden sittsam, wurden zahm.
Nun sehn wir zwar noch ziemlich gern
Die Sach' uns an, doch nur von fern –
Ein Auge zu, Mundwinkel schief –
Durchs umgekehrte Perspektiv.

Wilhelm Busch

Weiberfastnacht

Mit dem Donnerstag vor dem Rosenmontag beginnt der Straßenkarneval, die Tage der öffentlichen Ausgelassenheit, die bis Dienstag dauern. Wie kommt es zur besonderen Bedeutung des Donnerstags? Da man am Freitag, dem Todestag Christi, nicht so feiern konnte und am Samstag alles für das Wochenende vorbereitet werden musste, ist dann erst wieder der Sonntag und dann in der eigentlichen Fastnacht, am Dienstag, großes Treiben auf den Straßen. 1824 waren es die Wäschefrauen des heutigen Bonner Vororts Beuel, die die Abwesenheit der Männer nutzten, um zu feiern. Diese waren in Köln unterwegs, denn die Männer sammelten die schmutzige Wäsche ein und brachten die saubere zurück. Der Tag wird auch „schmotziger Donnerstag" genannt. In manchen Orten wird an Karneval Wäsche über der Straße ausgehängt. An Weiberfastnacht erstürmen die Frauen das Rathaus und übernehmen das Regiment. Den Männern wird die Krawatte, Zeichen der Männlichkeit, abgeschnitten.

Eckhard Bieger

Der Cölner Mummenschanz
Fastnacht 1825

Da das Alter, wie wir wissen,
Nicht für Torheit helfen kann,
Wär es ein gefundner Bissen
Einem heitern alten Mann,

Dass am Rhein, dem vielbeschwommnen,
Mummenschar sich zum Gefecht
Rüstet gegen angekommnen
Feind, zu sichern altes Recht.

Auch dem Weisen fügt behäglich
Sich die Torheit wohl zur Hand;
Und so ist es gar verträglich,
Wenn er sich mit euch verband.

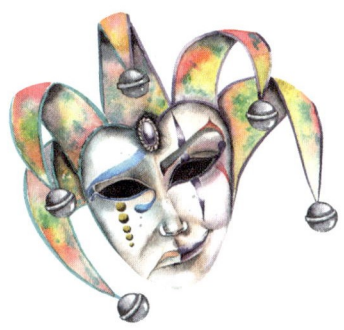

Selbst Erasmus ging in Spuren
Der Moria scherzend nach,
Ulrich Hutten mit Obskuren
Derbe Lanzenkiele brach.

Löblich wird ein tolles Streben,
Wenn es kurz ist und mit Sinn;
Heiterkeit zum Erdeleben
Sei dem flüchtigen Rausch Gewinn.

Häufet nur an diesem Tage
Kluger Torheit Vollgewicht,
Dass mit uns die Nachwelt sage:
Jahre sind der Lieb und Pflicht.

Johann Wolfgang von Goethe

Rosenmontag

Der Rosenmontag ist eine verhältnismäßig junge Erfindung, 1823 wurde in Köln der erste Rosenmontagszug veranstaltet. Vorher waren der Dienstag als die „Nacht vor dem Beginn des Fastens" und der Sonntag mehr vom Straßenkarneval geprägt. Die Wagen, die bis heute häufig in Schiffsform gestaltet sind, gehen auf mittelalterliche Vorstellungen des Narrenschiffs zurück, das ohne Mast, Segel und Kompass seine Insassen ins Verderben fährt. Deshalb wurde das Narrenschiff am Ende der Fastnacht an manchen Orten verbrannt.

Eine goldene Rose wird im Mittelalter vom Papst als besonderer Ehrenerweis am 4. Fastensonntag, dem Sonntag Laetare (= „Freue dich"), einer Person überreicht. Die Rose war aus Gold getrieben.

Eckhard Bieger

Karneval – Tage vor Aschermittwoch

Karneval heißt, dem Fleisch, lateinisch carnis, Lebewohl sagen. Fastnacht ist im engeren Sinn der Karnevalsdienstag. Weil während der mit dem Aschermittwoch beginnenden vierzigtägigen Fastenzeit kein Fleisch gegessen werden durfte, begann man zuerst in den Klöstern, das Fleisch aufzuessen. Davon leitet sich im Französischen der Name Mardi gras, fetter Dienstag, ab. Die Städte und Dörfer schlossen sich dem an. Die These, in der Fastnacht tauche altes germanisches Brauchtum wieder auf, erkennt die religiöse Bedeutung der Masken und des Narren nicht. Die Masken stellen die Laster dar, der Narr ist der Dummkopf, der die Existenz Gottes leugnet. Der rheinische Karneval ist in Gegnerschaft zur napoleonischen und preußischen Besatzung entstanden. Der Elferrat weist auf den elfköpfigen Jakobinerrat der französischen Revolution hin, der sich durch die Zahl von den 12 Aposteln unterscheiden wollte. Nachdem die Aufklärung dem Karneval sehr kritisch gegenübergestanden hatte, lebte dieser 1823 mit der Romantik im Rheinland wieder auf. München übernahm die italienische Tradition der großen Bälle. Dass der Karneval in protestantischen Gebieten viel weniger bestimmend ist, hängt mit den Entwicklungen im späten Mittelalter zusammen. Im 16. Jahrhundert wurde die Grenze des Aschermittwochs nicht mehr eingehalten, eine Spaßgesellschaft feierte einfach bis weit in die Fastenzeit weiter. Eine religiöse Reformbewegung musste diese Form des Karnevals ablehnen.

Eckhard Bieger

Der Narr als Gottesleugner

In der Fastnacht werden verschiedene Gestalten lebendig. Der Narr ist derjenige, der auf das Vergängliche hereinfällt und Gott aus dem Auge verloren hat. Der größte Narr ist im Selbstverständnis des Christentums derjenige, der Gott leugnet. Im Büttenredner hat sich die Funktion des Hofnarren erhalten, der den Politikern heute ihre Schwächen und Fehler vorhält. Der Herrschaftsbereich des Teufels ist durch Streit, unnützes Lärmen und Eigennutz geprägt. Die Masken, die im Karneval getragen werden, sind ernster gemeint, als wir sie empfinden. Sie stellen die 7 Laster dar. Für die Hoffart steht der Pfau oder das Pferd, der Neid wird durch den Drachen, der Zorn durch den Löwen, der Geiz durch den Fuchs, die Unkeuschheit durch Bock und Hahn, die Unmäßigkeit durch den Bär oder das Schwein und die Acedia, die Trägheit des Herzens, durch den Esel dargestellt. Der Ursprung des Wortes „Maske" deutet in die gleiche Richtung. Das Wort heißt im Arabischen „Verspottung" und „Scherz". Masken als Grimassen zeigen, dass das Verspotten im Karneval seinen Sinn hat. In der Neuzeit haben die Kostüme, mit denen man sich in einen Chinesen, einen Indianer, einen Neger verkleidet, diesen Gedanken weitergeführt – sie stellen Feinde des Christentums dar. Ein geflecktes Kostüm weist auf die „Befleckung" durch die Sünde hin. Ein in zwei Farben geteiltes Kostüm bezeichnet die Verkehrtheit des Narren.

Eckhard Bieger

Aschermittwoch

„Bedenke, Mensch, dass du Staub bist und wieder zum Staub zurückkehren wirst", lassen sich die Kirchgänger am Aschermittwoch sagen und dabei Staub über den Kopf streuen bzw. in Kreuzform auf die Stirn zeichnen. Dabei besiegelt der Aschermittwoch nur, was in der Karnevalszeit in der Figur des Narren dargestellt wurde – die Nichtigkeit der Welt.
Die Büttenredner hatten nichts anderes versucht, als die Eitelkeit der Großen bloßzustellen. Der Aschermittwoch berechnet sich von Ostern her. Zählt man unter Auslassung der Sonntage 40 Tage zurück, kommt man auf diesen Tag, der dann wie Karneval mit dem jeweiligen Ostertermin wechselt. Der Aschenritus ist sehr alt, denn in der frühen Kirche wurden diejenigen, die eine schwere Sünde begangen hatten, am Beginn der Fastenzeit mit Asche bestreut und so in den Büßerstand aufgenommen. Sie konnten nicht mehr am Gottesdienst teilnehmen, bis sie am Gründonnerstag wieder in die Gemeinschaft aufgenommen wurden. Sie bekannten sich damit öffentlich als Sünder. Diese alte Form der Buße kam um die Jahrtausendwende zum Erliegen und wurde durch die in Irland entstandene Ohrenbeichte ersetzt. Während man diese neue Form des Bußsakramentes öfters empfangen kann, wurde die altkirchliche Form nur einmal im Leben gespendet. Da der Aschermittwoch Fast- und Abstinenztag ist, d. h. auch der Verzehr von Fleisch verboten ist, kam es zur Herausbildung des Fischessens, das aber von vielen als Gegenmittel gegen den Alkoholkonsum und weniger als Ausdruck der Buße gesehen wird.

Eckhard Bieger

 # Winter und Frühling

Der Winter spottete über den Frühling und schalt: „Sobald du dich sehen lässt, hat keiner mehr Ruhe: Wer seine Freude dran hat, läuft in die Wiesen und Haine, um Blüten und Blumen oder gar eine Rose zu pflücken und zu betrachten oder ins Haar zu tun; ein andrer besteigt ein Schiff und wagt sich aufs Meer, und wenn er Glück hat, kommt er zu den andern Menschen. Und keiner sorgt sich mehr um Winde oder Regenwetter. Ich aber gleiche einem selbstherrlichen Gebieter: Da darf keiner zum Himmel aufblicken, man muss voller Angst und Zittern die Nase ständig auf der Erde haben und manchmal ganze Tage in der Stube zubringen und noch zufrieden damit sein."

„Darum sind auch die Menschen so froh, wenn sie dich loswerden", versetzte der Frühling, „während sie bei mir schon den bloßen Namen schön finden, und es ist ja auch wahrhaftig der schönste aller Namen. Wenn ich nicht da bin, denken sie meiner, und wenn ich mich zeige, sind sie froh."

 Äsop

Das Mittagessen im Hof

Man klagt häufig darüber, wie schwer und unmöglich es sei, mit manchen Menschen auszukommen. Das mag dann freilich auch wahr sein, indessen sind viele von solchen Menschen nicht schlimm, sondern nur wunderlich, und wenn man sie nur immer recht kennte und recht mit ihnen umzugehen wüsste, so wäre mancher wohl und leicht zur Besinnung zu bringen. Das ist doch einem Bedienten mit seinem Herrn gelungen. Dem konnte er manchmal gar nichts recht machen und musste vieles entgelten, woran er unschuldig war.

So kam einmal der Herr sehr verdrießlich nach Hause und setzte sich zum Mittagessen. Mal war die Suppe zu heiß oder zu kalt oder keines von beiden. Er fasste daher die Schüssel mit dem, was darinnen war, und warf sie durch das offene Fenster in den Hof hinab. Was tat darauf der Diener? Kurz besonnen warf er das Fleisch, welches er eben auf den Tisch stellen wollte, mir nichts, dir nichts der Suppe nach – auch in den Hof hinab, dann das Brot, dann den Wein, und endlich das Tischtuch mit allem, was noch darauf war. „Verwegener, was soll das sein?", fragte der Herr und fuhr mit drohendem Zorn von dem Sessel auf. Aber der Bediente erwiderte ganz ruhig: „Verzeihen Sie mir, wenn ich Ihre Meinung nicht erraten habe. Ich glaubte nicht anders, als Sie wollten heute in dem Hof speisen. Die Luft ist so heiter, der Himmel so blau, und sehen Sie nur, wie lieblich der Apfelbaum blüht." Der Herr erkannte seinen Fehler, lächelte heimlich über den schnellen Einfall seines Dieners und dankte ihm im Herzen für die gute Lehre.

Johann Peter Hebel

„Vasten" ist ein mittelalterliches Wort, das (fest-)halten, be-obachten, bewachen bedeutet. Seine asketische Ausdeutung im Sinne von Enthaltsamkeit scheint erst mit der Bedeutung von „an den Fastengeboten festhalten" verbunden gewesen zu sein, um sich dann ab dem 5. Jahrhundert auszubreiten. Es entstanden das Fasten als spirituelle Haltung und die Fasten als Fastenzeit. Weil Jesus vor Beginn seines öffentlichen Wir-kens 40 Tage gefastet hatte (Mt 4,2), wurde sein Fasten zum Maß des vorösterlichen Fastens. Die österliche Fastenzeit dauert von Aschermittwoch bis zur Ostermette. In ihr gelten die Regeln des Fastens: lediglich eine volle Mahlzeit pro Tag und zwei Mal ein kleiner Imbiss. An das Fastengebot sind alle, die das 18. Lebensjahr vollendet haben, bis zum Beginn des 60. Lebensjahres gebunden. Die Deutsche Bischofskon-ferenz hat diese Regelung 1978 bestätigt.

Ungleich strenger als heute waren die Fastenregeln im Mit-telalter: Nicht nur Fleisch und Fett waren verboten, auch alle Milchprodukte wie Milch, Butter, Käse und auch Eier, die als „flüssiges Fleisch" galten. Die defizitäre kulinarische Lage in der Fastenzeit hat immer die Fantasie der Menschen an-geregt, darüber nachzudenken, wie man diese Phase ohne Höhepunkte an Küchenereignissen dennoch erträglich wer-den lassen konnte. Dass in mittelalterlichen Klöstern Gans und Biber zu „Wassertieren" gleich Fischen und damit zur erlaubten Fastenspeise gemacht wurden, scheint eine un-ausrottbare Fama zu sein. Starkbier als Fastengetränk war aber in Klöstern normal, weil Bier das einzige Getränk des Mittelalters für einfache Leute war. Bekannt sind zahlreiche scheinbare Fleischgerichte, die aus Fisch hergestellt wurden,

z. B. Würstchen aus Fisch, so raffiniert gewürzt, dass sie wie Schweinswürstchen schmeckten. Immer wieder mussten die Gläubigen daran erinnert werden, dass es nicht auf die Buchstaben (der Fastengebote) ankam, sondern auf den Geist, dass Fasten kein Selbstzweck ist, sondern eine disziplinarische Übung, ein Verzicht, der die Sinne frei macht für neue religiöse Erfahrungen.

Manfred Becker-Huberti

Heiliger Frühling

„Unser Herrgott hat sonderbare Kostgänger."

Das war das Lieblingswort des Studenten Vinzenz Viktor Karsky, und er wandte es in passenden und unpassenden Augenblicken stets mit einer gewissen Überlegenheit an, vielleicht weil er sich selbst im Stillen zu dieser Sorte rechnen mochte. Seine Genossen nannten ihn längst einen sonderbaren Kauz; sie schätzten seine Herzlichkeit, die oft an Sentimentalität grenzte, freuten sich an seinem Frohsinn, ließen ihn einsam, wenn er traurig war, und duldeten seine „Überlegenheit" mit gutmütigem Vergeben.

Diese Überlegenheit Vinzenz Viktor Karskys bestand darin, dass er für alles, was er tat oder unterließ, einen glänzenden Namen fand und, ohne zu prahlen, mit einer gewissen gereiften Sicherheit Tat auf Tat legte, wie einer, der aus tadellosen Steinen eine Mauer baut, die für alle Ewigkeit stehen soll.

Nach einem guten Frühstück sprach er gerne über Literatur, wobei er niemals tadelte oder verwarf, sondern nur die ihm angenehmen Bücher einer mehr oder minder innigen Anerkennung würdigte. Das klang dann wie eine allerhöchste Sanktion. Bücher, die ihm schlecht schienen, pflegte er überhaupt nicht zu Ende zu lesen, sagte aber dann auch kein Wort darüber, selbst wenn andere des Lobes voll waren.

Sonst hielt er sich gegen die Freunde nicht zurück, erzählte alle seine Erlebnisse, auch die intimer Art, mit liebenswürdigem Freimut und ließ es über sich ergehen, dass sie fragten, ob er nicht wieder versucht hätte, ein Proletlarierkind „zu sich emporzuheben". Man erzählte sich nämlich, dass Vinzenz Viktor Karsky bisweilen solche Versuche unternehme. Dabei

mochten ihm seine tiefen blauen Augen und seine einschmei-
chelnde Stimme wohl zu gar manchem Erfolge verhelfen.
Immerhin schien er die Zahl dieser Erfolge rastlos mehren
zu wollen und bekehrte mit dem Eifer eines Religionsstifters
eine Unzahl kleiner Mädchen zu seiner Glückseligkeitstheo-
rie. Am Abend begegnete ihm ab und zu einer der Genossen,
wenn er, eine blonde oder braune Gefährtin leicht unter dem
Arm führend, seines Lehramts waltete. Und die Kleine lachte
dann gewöhnlich mit dem ganzen Gesicht, Karsky aber machte eine so wichtige Miene, als wollte er sagen: „Unermüd-
lich im Dienste der Menschheit." Kam aber mal einer und
erzählte, dass der oder jener „hängen geblieben" wäre und
nun in die nette Sippschaft hineinheiraten müsse, wippte der
erfolgsgekrönte Wanderlehrer seine breiten, slawisch-eckigen
Schultern und sagte fast verächtlich: „Ja, ja, – der Herrgott
hat sonderbare Kostgänger."
Das Sonderbarste an Vinzenz Viktor Karsky aber war, dass es
etwas in seinem Leben gab, wovon keiner seiner nächsten
Freunde wusste. Er verschwieg es gleichsam vor sich selbst;
denn er hafte keinen Namen dafür; und doch dachte er daran,
sommers, wenn er einsam auf weißem Weg in einen Sonnen-
untergang ging, oder wenn der Winterwind sich in den Kamin
seiner stillen Stube bohrte und die Kerntruppen der Schnee-
flocken gegen das verklebte Fenster Sturm liefen oder im
dämmerigen Kneipstübchen sogar mitten im Freundeskreis.
Dann blieb das Glas unberührt vor ihm stehen; er schaute wie
geblendet vor sich hin, als blicke er in ein fernes Feuer, und
seine weißen Hände falteten sich unwillkürlich, als wäre ihm
ein Beten gekommen – ganz von ungefähr, wie einem das
Lachen oder das Gähnen kommt.
Wenn der Frühling in eine kleine Stadt einzieht, so gibt das

ein Fest. Wie die Knospen aus enger Haft, drängen goldköpfige Kinder aus der winterschwülen Stube und wirbeln ins Land hinaus, als trüge sie der flatternde laue Wind, der ihnen Haare und Röckchen zerrt und ihnen die ersten Kirschenblüten in den Schoß wirft. Und wie sie nach langer Krankheit ein altes, lang vermisstes Spielzeug bejubeln würden, erkennen sie selig alles wieder und begrüßen jeden Baum, jeden Busch und lassen sich vom jauchzenden Bache erzählen, was er all die Zeit getrieben. Und was für eine Wonne ist das, durch das erste grüne Gras laufen, das zage und zart die nackten Füßchen kitzelt, dem ersten Weißling nachhüpfen, der in ratlos großen Bogen über den kargen Holunderbüschen sich verliert ins endlose, blasse Blau hinein. – Überall regt sich Leben. Unterm Dach, auf den rot leuchtenden Telegrafendrähten und sogar hoch auf dem Kirchturm, hart neben der brummigen, alten Glocke, ist Schwalben-Stelldichein. Die Kinder schauen mit großen Augen, wie die Wandervögel die alten lieben Nester finden, und der Vater zieht den Rosenstöcken den Strohmantel und die Mutter den ungeduldigen Kleinen die warmen Flanellhöschen aus.

Auch die Alten kommen mit scheuem Schritt über die Schwelle, reiben sich die faltigen Hände und blinzeln ins flutende Licht hinaus und nennen sich Alterchen und wollens nicht zeigen, dass sie glücklich und gerührt sind. Aber ihre Augen gehen über, und sie danken beide im Herzen: noch einen Frühling.

An solch einem Tag ohne eine Blume in der Hand auszugehen, ist Sünde, dachte der Student Karsky. Und deshalb schwenkte er einen duftenden Zweig in der Rechten, als müsste er dem Frühling Reklame machen. Leichtschrittig und schnell, wie um früher dem dumpfig kühlen Atem der schwarz gähnenden Haustore zu entfliehen, ging er durch die alten grauen Giebelgassen, winkte dem Wirt der Stammkneipe, der mit feistem Lächeln unter der breiten Einfahrt seines Gasthofs prahlte, und nickte den Kindern zu, die bei dem Schlag der Mittagsglocke aus der engen Schule wirbelten. Erst gings ganz sittsam zwei zu zwei, allein zwanzig Schritte von dem Schultor platzte der Schwarm in unzählige Teilchen auseinander, und der Student musste an jene Raketen denken, die hoch im Blauen in lauter winzige Leuchtsterne und -kugeln aufgehen. Ein Lächeln auf den Lippen und ein Lied in der Seele, eilte er jenem äußersten Bezirke des Städtchens zu, wo teils behäbige, bäurisch aussehende Gehöfte, teils weiße Villenneubauten, von kleinen Gärtchen umrahmt, gar freundlich dreinschauten. Dort vor einem der letzten Häuser erfreuten ihn die hohen Laubengänge, über deren leicht geschwungenem Gezweig schon ein grüner Hauch schimmerte, wie ein Ahnen künftiger Pracht. Am Eingang blühten zwei Kirschbäume, und das sah aus, als wäre eine Triumphpforte für den Frühling erbaut und als schrieben die blassrosa Blüten ein leuchtendes Willkommen darüber.

Plötzlich schrak Karsky zusammen: Mitten in dem Blühen sah er zwei tiefblaue Augen, die mit ruhiger, schlürfender Seligkeit ins Weite träumten. Er gewahrte erst nur die beiden Augen, und ihm war, der Himmel selber schaute ihn durch die Blütenbäume an. – Er kam näher und staunte. Ein blasses blondes Mädchen kauerte da auf dem mattfarbigen geblumten Lehnstuhl: Ihre weißen Hände, die nach etwas Unsichtbarem zu greifen schienen, hoben sich hell und durchscheinend von der dunkelgrünen Decke ab, die Knie und Füße umschloss. Die Lippen waren zartrot wie kaum erschlossene Blüten und ein leises Lächeln umsonnte sie. So lächelt ein Kind, das in der Christnacht, das neue Holzpferdchen im Arm, entschlafen ist. So schön und duftig war das bleiche, verklärte Gesicht, dass dem Studenten auf einmal alte Märchen einfielen, an die er lange, lange nicht mehr gedacht hatte. Und er blieb stehen – unwillkürlich, wie er heute bei einer Wegmadonna stehen geblieben wäre in dem Gefühl jener großen treuinnigen Sonnendankbarkeit, das die bisweilen überkommt, die das Beten verlernt haben. – Da begegnete sein Blick dem des Mädchens. Sie schauten sich in die Augen mit seligem Verständnis. Und halb unbewusst schleuderte der Student den jungen Blütenzweig über den Zaun, dass er mit sachtem Taumeln in den Schoß des blassen Kindes niederschwebte. Die weißen schmalen Hände griffen mit zärtlicher Hast nach dem duftigen Geschoss, und Karsky genoss den leuchtenden Dank der Mädchenaugen mit wonnigem Bangen. Dann schritt er weiter feldein. Erst als er weit im Freien war und der hohe Himmel mit feierlicher Stille über ihm lag, bemerkte er, dass er unablässig sang. Es war ein kleines, altes, seliges Lied.

Das hab' ich mir auch oft gewünscht, dachte der Student Vinzenz Viktor Karsky, krank gewesen sein einen ganzen Winter lang und wenn der Frühling kommt, langsam und mählich ins Leben zurückkehren. Vor der Türe sitzen mit staunenden Augen und so recht ausgeruht sein und so kindisch dankbar für Sonne und Dasein. – Und alle sind dann lieb und freundlich, und die Mutter kommt dem Genesenen jeden Augenblick die Stirne küssen, und die Geschwister spielen Ringelreihn und singen bis ins Abendrot. Und er dachte das, weil ihm immer wieder die blonde kranke Helene einfiel, die da draußen unter dem blütenschweren Kirschbaum saß und seltsame Träume sann. Wie oft sprang er von seinen Arbeiten auf und eilte zu dem blassen, stillen Mädchen. – Zwei Menschen, die das gleiche Glück leben, finden sich schnell. Die Kranke und Viktor berauschten sich beide an der kühlen, duftigen Frühlingsluft, und ihre Seelen klangen denselben Jubel. Er saß neben dem blonden Kinde und erzählte ihm tausend Geschichten mit sanfter, kosender Stimme. Was aus ihm klang, war ihm selbst fremd und neu, und er lauschte mit entzücktem Erstaunen auf seine eigenen Worte, die so rein und voll waren, wie eine Offenbarung. Und es musste wirklich etwas Großes sein, das er verkündete; denn auch Helenens Mutter, und das war eine Frau mit breiten, weißen Scheiteln, die gar manches gehört haben mochte in Welt und Wandel, lauschte oft wie andächtig, wenn er sprach, und einmal sagte sie mit unmerklichem Lächeln: „Sie müssten eigentlich ein Dichter sein, Herr Karsky." Die Genossen aber schüttelten nachdenklich die Köpfe. Vinzenz Viktor Karsky kam selten in ihren Abendkreis; kam er einmal, blieb er schweigsam, hörte weder ihre Scherze noch Fragen und lächelte nur so heimlich ins Lampenlicht, als lauschte er auf ein fernes, trautes Singen. Auch über Literatur sprach er nicht mehr, wollte nichts lesen und murrte, wenn man ihn ungestüm aus seinem Sinnen zerrte, ganz unvermittelt: „Bitt euch, der liebe Herrgott hat sonderbare Kostgänger."

Darüber waren die Studenten aber einig, dass der gute Karsky nunmehr zu den Allersonderbarsten gehörte; denn auch von seiner biederen Überlegenheit ließ er nichts mehr merken, und die kleinen Mädchen vermissten seine menschenfreundliche Lehrtätigkeit. Er war allen ein Rätsel geworden. Traf man ihn mal des Abends in den Gassen, ging er allein, blickte weder rechts noch links und schien bemüht, den seligen, seltsamen Glanz seiner Augen so rasch wie möglich in sein einsames Stübchen zu tragen und dort zu bergen – vor aller Welt.

„Was du für einen schönen Namen hast, Helene", raunte Karsky mit behüteter Stimme, als hätte er dem Mädchen ein Geheimnis anvertraut.

Helene lächelte: „Der Onkel schilt immer und meint, so sollten eigentlich nur Prinzessinnen und Königinnen heißen."

„Du bist auch eine Königin. Siehst du denn nicht, dass du eine Krone trägst von eitel Gold. Deine Hände sind wie Lilien, und ich glaube, Gott hat sich sogar entschlossen, seinen teuren Himmel zu zerschneiden, um dir Augen zu machen."

„Du Schwärmer", grollte die Kranke mit dankbaren Augen.

„So möcht ich dich malen können", seufzte der Student auf. Dann schwiegen sie beide. Ihre Hände fanden sich unwillkürlich, und sie hatten die Empfindung, es käme eine Gestalt auf sie zu durch den lauschenden Garten, ein Gott oder eine Fee. Seliges Erwarten füllte ihre Seelen. Ihre dürstenden Blicke trafen sich wie zwei schwärmende Falter – und küssten sich.

Und dann begann Karsky, und seine Stimme war wie fernes Birkenrauschen: „Das ist alles wie ein Traum. Du hast mich verzaubert. Mit jenem Blütenzweig hab ich mich dir zu eigen gegeben. Alles ist anders. So viel Licht ist in mir. Ich weiß gar nicht mehr, was früher war. Ich fühle keinen Schmerz, kein Unbehagen, nicht einmal einen Wunsch in mir. – So hab ich mir immer die Seligkeit gedacht – das jenseits vom Grab …"

„Fürchtest du das Sterben?"

„Das Sterben? Ja. Aber nicht den Tod."

Helene legte ihm sanft die bleiche Hand auf die Stirne. Er fühlte, sie war sehr kalt: „Komm ins Zimmer", mahnte er leise.

„Mir ist gar nicht kalt – und der Frühling ist so schön."

Helene sagte das mit inniger Sehnsucht. Ihr Wort klang nach wie ein Lied.

Die Kirschbäume blühten nicht mehr, und Helene saß tiefer im Laubengange, wo der Schatten schwerer und kühler war. Vinzenz Viktor Karsky war Abschied nehmen gekommen. Die Sommerferien brachte er fern an einem See des Salzkammergutes bei seinen alten Eltern zu. Sie sprachen wie immer über das und dies, über Träume und Erinnerungen. Aber der Zukunft gedachte keines. Helenes Gesichtchen war bleicher als sonst, ihre Augen größer und tiefer, und die Hände zuckten leise auf der dunkelgrünen Decke. Und als der Student sich erhob und die beiden Hände behutsam wie etwas Zerbrechliches in die seinen nahm, da sagte Helene leise:

„Küss mich, du!"

Und der junge Mann neigte sich und berührte mit kühlen, begierdelosen Lippen Stirn und Mund der Kranken. Wie einen Segen trank er den heißen Duft dieses keuschen Mundes, und dabei fiel ihm eine Szene aus ferner Kindheit ein: wie Mutter ihn mal emporgehoben hatte zu einem wundertätigen Madonnenbild. Und dann ging er, gestärkt, ohne Schmerz, durch den dämmerigen Laubengang. Er wandte sich noch einmal um, winkte dem blassen Kinde zu, das ihm mit müdem Lächeln nachschaute, und warf dann eine junge Rose über den Zaun. Mit seliger Sehnsucht haschte Helene danach. Die rote Blüte aber fiel zu ihren Füßen nieder. Das kranke Mädchen bückte sich mühsam: Es nahm die Rose zwischen die gefalteten Hände und küsste sich die Lippen rot an den samtweichen Blättern.

Das hatte Karsky nicht mehr gesehen.

Mit gefalteten Händen ging er durch die Sommerglut.

Als er in sein stilles Stübchen trat, warf er sich in den alten Lehnstuhl und schaute in die Sonne hinaus. Die Fliegen summten hinter den weißen Tüllgardinen, und eine junge Knospe war aufgesprungen auf dem Fensterbrett. Und da kam dem Studenten von ungefähr zu Sinne, dass sie nicht „Auf Wiedersehen" gesagt hatten.

Sonngebräunt war Vinzenz Viktor Karsky von den Ferien in die kleine Stadt zurückgekehrt. Mechanisch ging er durch die altgewohnten Giebelgassen und warf keinen Blick auf die Häuserstirnen, die das falbe Herbstlicht fast violett erscheinen ließ. Es war der erste Weg, den er seit seiner Heimkehr machte, und doch schritt er wie einer dahin, der täglich dieselbe Strecke zurücklegt: Er trat endlich durch das hohe Gittertor in den stillen Kirchhof und setzte auch dort zwischen den Hügeln und Kapellen zielsicher seinen Weg fort. Vor einem grünen Grab blieb er stehen und las von dem schlichten Kreuze ab: Helene. Er hatte gefühlt, dass er sie hier finden müsse. Ein Lächeln der Wehmut zuckte um seine Mundwinkel.

Auf einmal dachte er: Nein, wie geizig die Mutter doch war! Auf des Mädchens Hügel lag neben verdorrten Blumen ein plumper Blechkranz mit geschmacklosen Blüten. Der Student holte ein paar Rosen, kniete nieder und deckte das kantige, karge Metall ganz mit den frischen Blüten zu, dass auch nicht ein Eckchen mehr zu sehen war. Dann ging er wieder, und sein Herz war klar wie der rote Frühherbstabend, der so feierlich über den Dächern lag.

Karsky saß eine Stunde später in der Stammkneipe. Die alten Genossen umdrängten ihn, und auf ihr stürmisches Begehr erzählte er von seiner Sommerreise. Als er von den Alpentouren sprach, gewann er wieder seine alte Überlegenheit. Man trank ihm zu.

„Du", begann einer der Freunde, „was war denn das damals mit dir, vor den Ferien, du warst je ganz ... na, – vorwärts, heraus mit der Farbe!"

Da sagte Vinzenz Viktor Karsky mit verstohlenem Lächeln: „Na, der liebe Herrgott ..."

„... hat sonderbare Kostgänger", ergänzten die andern im Chor. „Das wissen wir schon."

Nach einer Weile, als niemand mehr eine Antwort erwartete, fügte er sehr ernst hinzu: „Glaubt mir, es kommt darauf an, dass man einmal im Leben einen heiligen Frühling hat, der einem so viel Licht und Glanz in die Brust senkt, dass es ausreicht, alle ferneren Tage damit zu vergolden ..."

Alle lauschten, als erwarteten sie noch etwas. Karsky aber schwieg mit leuchtenden Augen. Keiner hatte ihn verstanden, allein über allen lags wie ein geheimnisvoller Bann, bis der Jüngste seines Glases Rest mit raschem Ruck austrank, auf den Tisch schlug und rief: „Kinder, ich glaub, ihr wollt sentimental werden. – Auf! Ich lad euch alle zu mir ein. Da ist's gemütlicher als in der Gaststube und dann: Es kommen auch ein paar Mädel. – Du gehst doch mit?", wandte er sich zu Karsky.

„Freilich", sagte Vinzenz Viktor Karsky heiter und trank langsam sein Glas leer.

Rainer Maria Rilke

Wenn Rebhuhn,
	dann Rebhuhn –
wenn Fasten,
	dann Fasten.

Teresa von Ávila

Gebet, Fasten und Buße

Das Gebet verwirklicht sich u. a. im häufigeren Besuch der Gottesdienste, auch an Werktagen. Der Empfang des Bußsakramentes, d. h. der Gang zur Beichte, gehört ebenfalls zur Fastenzeit. Das Fasten will den bewussten Verzicht z. B. auf Süßigkeiten und Alkohol. In der evangelischen Kirche wird für eine Fastenaktion „6 Wochen ohne" motiviert, jeder legt sich einen Verzicht auf. In den letzten Jahren wurde der Wert des Fastens wiederentdeckt. In immer mehr Gemeinden wird über eine Woche oder 10 Tage ein strenges Fasten, eine „Nulldiät" unter Anleitung und regelmäßigen Treffen angeboten. Abstinenz, sich fernhalten, bezieht sich vor allem auf den Genuss von Fleisch, in den orthodoxen Kirchen auch von Eiern und Milchprodukten.

Eckhard Bieger

Fastensuppe

ZUTATEN:

2 Schalotten, 50 g Butter, 40 g Mehl, 100 ml Weißwein, 1 l Milch, Salz, Pfeffer, Muskat, 200 ml Sahne, 200 g Rucola, 40 g geriebener Parmesan

Schalotten fein würfeln, in der Butter glasig dünsten. Mehl unterrühren und anschwitzen. Mit Milch auffüllen. Mit Salz, Pfeffer und Muskat würzen. Bei mittlerer Hitze unter häufigem Rühren etwa 20 min köcheln lassen. Die Sahne halb steif schlagen. Rucola waschen, trocken schleudern. Mit der Sahne und dem Parmesan zur Suppe geben. Mit dem Schneidstab pürieren.

 Frühling

Nun ist er endlich kommen doch
In grünem Knospenschuh;
„Er kam, er kam ja immer noch",
Die Bäume nicken sich's zu.

Sie konnten ihn all erwarten kaum,
Nun treiben sie Schuss auf Schuss;
Im Garten der alte Apfelbaum,
Er sträubt sich, aber er muss.

Wohl zögert auch das alte Herz
Und atmet noch nicht frei,
Es bangt und sorgt: „Es ist erst März,
Und März ist noch nicht Mai."

O schüttle ab den schweren Traum
Und die lange Winterruh':
Es wagt es der alte Apfelbaum,
Herze, wag's auch du.

Theodor Fontane

 ## Tu, was dir gefällt

Tu, was dir gefällt! Der Frühling ist nun wieder da. – Alles genießet der Freude; es paaret sich alles im Grünen und auf der Erde; mein Lämmgen, in meinem Schoß auferzogen, springt fort und sucht sich einen andern Freund; – das Rind springt mutig zum Bullen, und die ganze Herde brüllt ihm froh entgegen, da er stolz zur Weide kehrt; – mein Widder, gebadet im Quell, stellt sich am Buchstamm auf. Trocknet sich in der Sonne. Ei, sieh doch! Da fallen zwei buhlende Täubgen aus der Luft, sitzen nieder auf seine verschlungene Hörner. – Der lieblichen Tiergen gewohnt, achtets mein höflicher Widder nicht; sie spielen und schnäbeln auf seinem Haupte fort, stolz auf seine artige Last, geht er und trägt sie, so kosend, unter seine wollichte Frauen.

„Sag, soll einem nicht das Herz im Leibe zerspringen, dem allem zuzusehen, ohn' ein Gleiches zu tun?"

Friedrich Müller

Die Mappe meines Urgroßvaters

Der schönste Frühling kam, alles drängte, blühte und schauerte von Fülle. Alle Hügel waren grün, die Felder wogten; auch die neuen, die man erst heuer an dem Mitterwege hinauf, wohin die Fenster des Hauses des Obrists recht schön werden schauen können, angelegt hatte, wallten in der schönen blaugrauen Farbe des Kornes. Die schöne Fichte an meinem Sommerbänkchen war bedeckt mit den kleinen gelben, wohlriechenden Blütenzäpfchen; alles Laubholz schwankte in den neuen, lichteren grüneren Kronen; selbst die ferneren Nadelwälder standen nicht so schwarz da, sondern gewannen durch die neuen Ansätze, die sie im Beginne der wärmeren Jahreszeit treiben, das sanftere Dämmern und das weichere Ferngrün, in dem sie im Frühlinge stehen; und wenn man in ihnen ging, so war überall ein frisches Harzduften, und sie rührten sich gleichsam in allen Zweigen und Ästen von dem Schreien und Singen und Lärmen der Vögel. Wir hatten unsere jungen Rappen herausgetan und übten sie schon teilweise im Fahren, aber nur sehr wenig, dass sie nur lernten, dass sie sich zusammengewöhnten, sich im Sommer und Winter über einübten und im künftigen Jahre abwechselnd gebraucht werden konnten. Der leichte Wagen, den ich für sie bestellt hatte und in dem ich alle die Fächer und Einrichtungen, wie ich sie brauche, selber angegeben hatte, sollte noch im Anfange des Sommers fertig werden, und es war in der Wagenlaube schon der Platz bestimmt, auf dem er stehen sollte. Wir hatten viele Leute, die im Hause arbeiteten, dass es in der Vollendung weiterschreite; alles regte sich, wenn ich nach Hause kam und zusah. Und wenn dann das Abendbrot vorüber war und sich alle entfernten, schaute ich oft wie schön, wie freudig und wie schmerzlich in die helle rote Glut der Abendwolken, wie sie hinter dem schwarz gezackten Rande des entfernten Waldes hinauszogen, ehe ich dann ein Licht anzündete, die Vorhänge herabtat und auf dem Papiere anzeigte, was ich heute erfahren habe und was ich morgen unternehmen sollte.

Adalbert Stifter

Frühling.

Leise zieht durch mein Gemüt

1. Lei - se zieht durch mein Ge - müt
lieb - li - ches Ge - läu - te, klin - ge, klei - nes
Früh-lings-lied, kling hin-aus ins Wei - te.

2. Zieh hinaus bis an das Haus,
wo die Blumen sprießen;
wenn du eine Rose schaust,
sag, ich laß sie grüßen.

Text: Heinrich Heine
Melodie: Felix Mendelssohn-Bartholdy

Der Eindringling

Einmal stand ich auf dem Hof und betrachtete ein Nest, das ein Schwalbenpaar unterm Dach gebaut hatte. Beide Schwalben flogen vor meinen Augen fort. Das Nest blieb eine Weile leer. Da flog ein Spatz vom Dachfirst herab, flog zum Schwalbennest hin, sah es von außen und innen an und schlüpfte ins Nest. Streckte sein Köpfchen heraus und tschilpte. Bald darauf kam eine Schwalbe zum Nest zurück. Sie steckte den Kopf ins Nest. Aber kaum hatte sie den Eindringling bemerkt, schlug sie Lärm, stand mit aufgeregten Flügeln vor dem Nest in der Luft und flog dann weg.

Der Spatz blieb sitzen und tschilpte.

Plötzlich kam ein ganzer Flug Schwalben an. Alle flogen gegen das Nest hin, als wollten sie dem Eindringling sagen: Wir werden es dir schon zeigen! Der Spatz zeigte keine Spur von Angst, drehte den Kopf nach allen Seiten und tschilpte. Die Schwalben flogen wieder gegen das Nest hin, taten dort irgendetwas und flogen wieder fort. Was taten die Schwalben? Jede brachte im Schnabel ein wenig Lehm mit und mauerte den Nesteinschlupf ein wenig zu. Unablässig flogen die Schwalben. Enger und enger wurde das Nestloch. Anfangs war noch der Spatzenhals zu sehen gewesen, dann nur noch der Kopf, dann nur noch der Schnabel. Dann nichts mehr ... Aber auf einmal: Durch den nassen Lehm kam erst der Spatzenschnabel, dann der Spatzenkopf, dann der ganze Spatz – und weg war der freche Bursche, und die beiden Schwalben hatten wieder ein offenes, leeres Nest.

Leo Tolstoi

 Auf der Kuppe

Immer wird es reichlich spät, ehe der Frühling sich des Brockens annehmen kann; in diesem Jahre kam er erst ganz spät dazu. Zu viel Arbeit hatte ihm unten im Lande der Winter gemacht. So wurde es spät im Mai, ehe der Frühling dazu kam, an den hohen Berg im Harz zu denken, und als er mit der Frohen Botschaft dort anlangte, fand er wenig Gehör. Die Heidelbeersträucher wandten ein, dass es noch Nacht für Nacht friere, die Fichten meinten, es läge noch zu viel Schnee, das Wollgras fand das Tauwasser zu eisig, und die weiße Kuhschelle erklärte, ehe nicht der Hexensand um ihre Wurzeln auch des Nachts locker bleibe, denke sie nicht daran zu blühen.

Vergebens redete der Frühling der Eberesche vor, dass ihre Geschwister im Tal schon im vollen Laube ständen: Sie rührte sich nicht. Er suchte dem Ampfer und dem Wohlverleih klarzumachen, dass es nun Zeit sei aufzuwachen; sie kümmerten sich nicht um ihn. Er sprach der Krähenbeere und der Goldrute zu, aber er hatte keinen Erfolg, und wenn er auch der Krüppelweide und der Zwergbirke die besten guten Worte gab, es war alles in den Wind gesprochen. Da stieg er zu Tale und holte sich Hilfe. Aus dem Brockenfelde brachte er den Birkhahn mit, und als der drei Morgen hintereinander im Brockenmoore die Lärmtrommel geschlagen hatte, da hing der Weidenbusch Gold an seine Zweige. Dann ging der Frühling zum Scharfensteine und bat einige Finken, ihn zu begleiten, und nahm vom Oderteiche einige Braunellen mit, und die schlugen und zwitscherten so kräftig, dass eine Wollgrasblüte neugierig ihr graues Köpfchen herausstreckte und an einem Heidelbeerbusche verwunderte grüne Augen auftauchten.

Aber das genügte dem Frühling noch nicht, und so wanderte er zum Eckerloche und bat den Steinschwätzer herauf und vom Torfhaus das Laubvögelchen, und da der eine so lustig sang und krähte und das andere so süß flötete und lockte, so ermunterten sich Ampfer und Goldrute, Habichtskraut und Lattich, Simse und Binse, durchbohrten das fahle Gras mit scharfen Blattspitzen, trieben üppiges Grün aus nassem Gras und als ein Bussard auf Bitten des Frühlings die Langschläfer der Brockenkuppe mit gellendem Katzenschrei höhnte und eine Krähe sich bereitfinden ließ, sie in rauer Weise zu verspotten, da schoben auch die Kuhschellen ihre blau gefrorenen Knospen zwischen dem moosigen Granitgerölle hervor, aber nur ein ganz klein wenig, dass der kalte Nachtwind sie nicht fassen konnte.

Schließlich wurde es dem Frühling denn doch zu langweilig, und er pilgerte zornentbrannt nach Wernigerode und Ilsenburg, Elbingerode und Harzburg, sprach lang und breit mit den Mauerseglern und erzählte ihnen, da oben auf der Brockenkuppe flögen sehr viele und ganz besonders fette und leckere Käferchen und Fliegen. Die schwarzen Schreihälse glaubten es ihm, sie erhoben ihr Gefieder, ließen den Buchenwald und die Schlüs-

selblumen hinter sich, sausten über schwarze Fichtenwälder und graue Steinhalden, und als der Frühling noch mühsam im nassen braunen Moore bergan stieg, da lärmten die düsteren Gesellen schon um das Brockenhaus und schimpften fürchterlich, denn oben in der Luft flog nichts, und was dicht über den Steinen schwirrte, das lohnte die Reise nicht, und husch waren sie wieder da, wo sie hergekommen waren. Der Frühling aber lachte sich ins Fäustchen; er hatte seinen Zweck erreicht. Die blauen Knospen zwischen den grauen Steinen hatten das Gezeter der Turmschwalben vernommen, und was alles Reden des Frühlings nicht fertiggebracht hatte, das gelang den Seglern im Nu. Wenn der Segler auf der Brockenkuppe jagt, dann ist es Zelt aufzuwachen. Das weiß man dort oben.

So wurde es Ende Mai, ehe am Brocken der Frühling sein Recht bekam. Die Buchenwälder unten im Harz standen schon im vollen Laube und hatten die ersten Frühlingsblumen schon vergessen; das Windröschen war von der Sternmiere, das Leberblümchen vom Günsel, das Milzkraut von der Waldnessel abgelöst. Auf den Wiesen drängten sich Schaumkraut und Knabenwurz, die Wolfsmilch vergoldete die Raine, die Obstbäume setzten schon Früchte an, und in den Gärten stritten sich Flieder und Goldregen um den Schönheitspreis, da fütterten die Spatzen schon über allen Dachrinnen ihre Brut, da tolpatschten schon flügge Amseln in den Gärten, und da erst wurde auf dem Brocken der Frühling Herr. Aber noch längst nicht überall, lange nicht am ganzen Brocken siegte im Mai der Frühling. Und es war eigentlich erst der Vorfrühling, der sich dort, wo die Sonne hinkam, neben dem Winter behauptete, der von den schattigen Stellen nicht weichen wollte. Es ist noch immer Winter, da blühen die Wintermoose, da springt der Gletschergast umher, hüpft der Schneefloh, liegen Larven und Raupen und Puppen und Käfer und Schnecken steif und starr unter Steinen vergraben, rührt sich noch keine Krüppelfichte, regt sich das zwergige Heidelbeergestrüpp immer noch nicht, da ist es noch voller Winter. Hart daneben aber ist es Vorfrühling und noch ein wenig weiter voller Frühling, und je nachdem es den kundigen Brockenfahrer gelüstet, kann er bis spät in den Juni hinein den Februar oder den März, den April oder den Mai hier wiederfinden und genießen, mit den Füßen im Nachwinter stehend, sich am Vorfrühling freuen und vom Frühling in den Winter hineinsehen.

Hermann Löns

Alle Vögel sind schon da

Lob des Frühlings

Saatengrün, Veilchenduft,
Lerchenwirbel, Amselschlag,
Sonnenregen, linde Luft!

Wenn ich solche Worte singe,
braucht es dann noch großer Dinge,
dich zu preisen, Frühlingstag?

Ludwig Uhland

Nicht lange mehr ist Winter

Nicht lan-ge mehr ist Win-ter, schon glänzt der Son-ne Schein. Dann kehrt mit neu-en Lie-dern der Früh-ling bei uns ein. Im Fel-de singt die Ler-che, der Ku-ckuck ruft im Hain: „Ku-ckuck, ku-ckuck!" Da wol-len wir uns freun.

Text und Melodie: volkstümlich

Die Tage der tausend Wunder

Schon lange singt die Amsel im Garten, schon lange der Fink im Walde. Das Schneeglöckchen fiel müde um, tot liegt der junge Krokus im jungen Grase. Was die Amsel sang und der Fink schlug, was das Schneeglöckchen und der Krokus blühten, was Hasel, Erle und Espe stäubten, was die Märzmotte tanzte und der Frosch murrte, Vorfrühling war es, aber der Frühling nicht.

Erst als das Lied der Singdrossel vom Eichenwipfel klang und über die ersten Grasspitzen im Walde der gelbe Falter taumelte, da zog der Frühling in das Land hinein, hüllte die Kornelkirsche in mattes Gold, hob jedes Zweiges braune Armseligkeit durch schimmernde Knospen und vollbrachte tagtäglich tausend schöne Wunder.

Das ist schon lange her. Nicht mehr grüßen wir jedes grüne Blättchen mit frohen Augen, liebkosen nicht mehr jedes schwellende Knöspchen mit freundlichem Lächeln; es sind der Blätter zu viele und übergenug der Knospen, und da es überall singt und klingt, tanzt unser Herz nicht bei jedem Vogelliede, wie an jenem Tage, da die erste Märzdrossel sang, der erste gelbe Falter flog, des ersten Märzblümchens Blauaugen aus fahlem Laube sahen.

Wir wurden der kleinen Wunder gewöhnt und sehnten das große Wunder herbei, das Wunder der Allbegrünung des Waldes, und wir zürnten dem Ostwind, der dem Frühling die Hände band.

Er hat es gut gemeint, hat pfleglich gehandelt, dass er dem Westwind wehrte und dem Regen und der Sonne die Kraft nahm. Des Menschen Herz wird allzu schnell satt, danklos

wendet es sich am Ziele ab, achtet das lange ersehnte Geschenk gering und dürstet nach der Wonne der Vorfreude. Eilig ist die Jugend, kurz ist der Frühling; was heute noch weich und frisch ist, ist morgen hart und staubig. Der Ostwind wusste, was er tat, als er den Vorfrühling festhielt und den Frühling warten ließ.

Herrlich ist der Frühling, und prächtig ist der Mai, aber so süß wie der Vorfrühling, so köstlich ist er nicht. Wonnig ist die goldene Maienwiese, aber so labt sie uns nicht, wie die erste Blüte des braunen Waldbodens, wie das erste Blättchen am kahlen Zweig, und tönt im Mai auch der ganze Wald, singt jeder Ast und klingt jeder Zweig, blüht jedes Fleckchen und glüht jedes Eckchen, das große Zauberwerk erhebt uns nicht so sehr wie die winzigen Wunder, aus denen es entstand.

Jedes von ihnen genossen wir einzeln, kosteten es für sich aus. Wir sahen das Windröschen mit demütig gebogenem Halse sich durch das Falllaub stehlen, wartend und frierend, bis die Sonne ihm Mut zusprach und ihm das blasse Gesichtchen rötete, sahen den gelben Falter fliegen, den ersten, und unser Herz machte einen Sprung, und bei jedem, den wir sahen, sprang es hoch in die Höhe. Der Graudrossel Lied entdeckten wir und trugen es heim als einen großen Schatz. Jeder Tag brachte neue Wunder, liebe Gaben. Im kalten Gewirre des Stangenholzes brannte eine grüne Flamme; die Traubenkirsche schoss in das Laub und machte sich zum Mittelpunkte des ganzen Waldes. Wilde Eifersucht durchfuhr den Weißdorn. Unnahbar stand er da in grauer Frostigkeit; nun aber platzten vor Grimm seine Knospen, neidisch grüne Blättchen quollen aus ihnen hervor und reckten und streckten sich um die Wette mit dem prahlenden Grün des Traubenkirschenbusches.

Das Winterlaub der Buchenjugenden, das Altlaub der Brombeerranken, die mit hartem Kupferglanz und schwerem Bronzeton weit und breit herrschten, merkten, dass ihre Tage gezählt sind, blassten ab, schrumpften ein, verdrängt von quellenden Knospen; ihre Zeit ist um, ihr Herbst ist da, ihre Todesstunde ist gekommen. In das Vorjahrslaub fällt Blatt um Blatt, und die Windröschen spreizen hastig ihre Blätter darüber. Und nun, aus Angst, von der Rotbuche überflügelt zu werden, drängt die Weißbuche sich vor, betont jeden ihrer Zweige mit blitzendem Geschmeide, regt sich, rührt sich und hüllt sich in silbergrünes Gefunkel.

Unwillig sieht es der Ebereschenbaum. Er schickt Befehle nach den entferntesten Wurzeln, treibt sie an, hetzt sie auf, und eifrig saugen sie aus Mulm und Moos Saft und Kraft und geben die Säfte dem Stamme und die Kräfte den Zweigen, und ehe es sich die Hagebuche versieht, spreizt sich unter ihr, von oben bis unten in blankes Silber gekleidet, die Eberesche, funkelnd und gleißend im Sonnenlichte, stolz im Bewusstsein, der allerschönste Baum zu sein im ganzen Walde. Der Ahorn aber öffnet seine Truhen, nimmt das goldene Seidengewand hervor und stellt sich keck neben die Eberesche, und die tauscht ihre kalte Silberpracht mit warmem Grün, und unterdessen die beiden sich noch zanken, wer am schönsten sei, hat die Hainbuche noch mehr Smaragden umgehängt und drängt stolz Ahorn und Eberesche zurück.

Nebenan ist derselbe Kampf im Gange. Die dunkle Kiefer, die

düstere Fichte, die immer noch schliefen, erwachen langsam und beginnen, sich faul und schläfrig zu putzen. Keiner weiß, wie sie es machen, aber tagtäglich hellt sich ihr Nadelwerk auf, färbt sich ihr Geäst, tauchen mehr strahlende Kostbarkeiten in ihren dunklen Kleidern auf, bis darin Topase leuchten, Smaragde schimmern, Rubine glühen. Aber ehe sie so weit sind, dreht sich die Bickbeere zu ihren Füßen dreimal vor dem Spiegel hin und her und ist über und über behängt mit dem köstlichsten Perlengeschmeide, und sie lacht die ernsten und bedächtigen Leute übermütig aus, vorzüglich den Faulbaumbusch, der immer noch dürr und leer dasteht, als hätte er noch wer weiß wie viel Zeit. Nachher muss er sich sputen und wird doch nicht fertig, und noch im Herbst trägt er bei den reifen Beeren noch grüne Früchte und junge Blüten, steht, wenn alles rot und bunt ist, im grünen Sommerkleide herum und zieht dann Hals über Kopf das gelbe Herbstgewand an, das er drei Tage tragen darf, denn länger erlaubt es der Winter ihm nicht.

Da ist das Geißblatt vorsichtiger. Jeden Sonnenstrahl im Winter nutzte es aus und prangte schon im Januar mit großen grünen Blättern. Aber wie es so ist, launenhaft und krausen Sinnes, muss es sich im Frühling abermals über seine Brüder erheben, und wenn die anderen Bäume und Sträucher grüne Blätter treiben, färbt es die seinigen schnell zu vorlautem Kupferrot, und wenn alle anderen Büsche Früchte ansetzen, hängt es einen Wirbel wachsweißer Blüten in sein grau gewordenes Laub. Aber wenn der erste Reif das Gras zerbricht, dann prahlt mit frechem Granatschmucke der zeitlose Busch. Während nun alle diese Bäume und Büsche sich um die Wette bemühten, ihre Frühlingskleider anzulegen, und täglich neue Künste trieben, standen die Rotbuchen da, als ginge sie das alles nichts an. Sie trugen gelassen ihr strenges graues, schwarz und grün gestreiftes Winterkleid und nahmen sich kaum die Muße, ihre Knospen für das Fest vorzubereiten. Bis dann der Tag kam, an dem der West mit dem Ost sich balgte, bis es ihm gelang, in den Wald einzudringen und eine Handvoll Regen hineinzusprühen. Da spannten sich die harten, spitzen, trockenen Knospen, sie wurden weicher, runder und saftiger. Aber eine Woche warteten sie noch, bis der Westwind wieder eine erquickende Spende über sie goss, und nun konnte dort und da ein Zweig den Mut nicht halten, die goldenen Hüllen zerstoben, und unten um die kalten Silberstämme tanzten smaragdene Falter, erst einige wenige, hier ein Trüppchen, dort ein Flug, bis ein langer Nachtregen kam, Scharen der grünen Schmetterlinge aus den Knospen lockte und das Astwerk mit einem grünen Geflimmer erfüllte, das sich von Tag zu Tag vermehrt, bis alle anderen Farben am Himmel und am Boden davor verschwanden.

Heute schon ist viel verschwunden, was gestern noch da war. Jüngst standen die Stämme der Buchen noch so scharf abgerissen im roten Laube; jetzt verschmelzen sie gänzlich mit dem grünweißen Estrich. Ihr blankes Silber verlor seinen eisigen Blick, ihr giftiges Grün sein freches Starren, ihr unheimliches Schwarz sein böses Gesicht. Die Stechpalmenhorste zu ihren Füßen, die so frühlingsgrün aus dem Schnee leuchteten und so lustig aus dem roten Laube blitzten, sie bedeuten gar nichts mehr gegen das viele junge weiche Grün ringsumher, und wo sie noch sichtbar werden, wirken sie hart und lieblos.

Der Frühling hat einen leichten Sinn und kurz ist sein Gedächtnis. Eben noch bot das rote Laub am Boden seinem ersten Grün einen herrlichen Hintergrund, heute schon schiebt er es beiseite, schämt er sich des Erbgutes des Winters und bedeckt es hastig mit tausenderlei Grün und hunderterlei Farbe, damit niemand merke, dass er alle seine Schönheit und Frische und Jugend dem toten Laube und welken Blättern zu danken habe, und alle Freude verlässt sein Antlitz, erinnert ihn der Ostwind mit rauem Worte an seine Herkunft, mit roher Hand aus Grün und Blüten die vergilbten, vergessenen Erinnerungen zerrend. Dann schauert der Frühling zusammen und sieht zitternd in die fahle, trockene Zukunft.

Einen Augenblick später vergisst er die Angst vor ihr und schafft emsig weiter, Wunder neben Wunder stellend, mit liebreichen, weichen Händen. Die harte, zackige Kante der Brombeere schmückt er mit weichen, runden Flöckchen, er lockt aus dem steifen Holunderbusch mildes Blattwerk, webt um düstere Moospolster einen lichten Schein, macht dem schüchternen Waldklee Mut, dass er sich im kalten Schatten der Fichten hervorwagt, rollt mit spielenden Fingern die ängstlichen Farnwedel auf, verhüllt die sparrigen Lärchenbäume mit zartgrünen Schleiern, erweckt des Pfaffenhütchens Selbstbewusstsein, der Weide Ehrgeiz, der Erle Willenskraft und wagt sich schließlich sogar an die Eiche heran, die abweisend und unnahbar alle seine Liebe immer wieder von sich stößt.

Bis auch für sie die Stunde schlägt, für sie der Tag kommt, der alle ihre Knospen sprengt, der Tag der tausend Wunder.

Hermann Löns

Frühlingsbotschaft

1. „Ku-ckuck, Ku-ckuck", ruft's aus dem Wald.
Las-set uns sin-gen, tan-zen und sprin-gen.
Früh-ling, Früh-ling, wird es nun bald!

2. Kuckuck, Kuckuck lässt nicht sein Schrei'n:
Kommt in die Felder,
Wiesen und Wälder!
Frühling, Frühling, stelle dich ein!

3. Kuckuck, Kuckuck, trefflicher Held!
Was du gesungen,
Ist dir gelungen:
Winter, Winter räumet das Feld.

Text: August Heinrich Hoffmann von Fallersleben
Melodie: volkstümlich

Weshalb mich die Stare an meine Großmutter erinnern

Ich hörte ihren Pfiff. Fünf Stare saßen auf der Fernsehantenne und sahen nach dem langen Flug aus der Winterheimat ein wenig verwelkt aus.

Es fiel noch einmal Schnee, und der blieb eine Woche liegen. Die Stare zogen in die Wälder, aber wenn unser Hund sich satt gefressen hatte, waren sie da und säuberten den Hundenapf. Nach der Mahlzeit probierten sie hin und wieder einen kühnen Pfiff, aber danach zogen sie die Köpfe ein und ließen die Flügel hängen, als bedauerten sie, unzeitgemäß fröhlich gewesen zu sein.

Menschengedanken fliegen mit Überlichtgeschwindigkeit; nicht nur in die Weite, in die Höhe und in die Tiefe, sondern auch in die Zukunft und in die Vergangenheit: Das Verhalten der Stare erinnerte mich an meine Großmutter, die vor vierzig Jahren starb. Sie sang zuweilen mit brüchiger Stimme, die an Jodeln erinnerte, ein Lied, das wir Kinder gern hörten: „Wie

heißt König Ringangs Töchterlein? / Rohtraut, Schön-Rohtraut. / Was tut sie denn den ganzen Tag, / da sie wohl nicht spinnen und nähen mag? / Tut fischen und jagen ..."

Der Text war von Eduard Mörike, aber das wussten wir damals noch nicht.

Man musste die Vatermutter ausdauernd ums Singen bitten. „Wenn ich sing, passiert was", behauptete sie. Einmal hätte die Tante ihren goldenen Ehering verloren, nachdem Großmutter gesungen habe, ein anderes Mal hätte drei Wochen nach dem Gesang der Alten die Kuh verkalbt, und als Großmutter im Jahre zwanzig zu ihrem Geburtstag im Oktober gesungen habe, wäre jahrsdrauf im Januar der Großvater gestorben. Aber welche Großmutter kann beharrlichen Enkelbitten widerstehen? Am Abend ihres fünfundsechzigsten Geburtstags gelang es uns, die Greisin zum Singen zu überreden. Vielleicht hatte auch der Alkohol eines Gläschens Grog mitgeholfen, das Lied von Schön-Rohtraut in der Großmutter locker zu machen. Sie glühte und sang: „Was siehst du mich an so wuniglich? / Wenn du das Herz hast, küsse mich! ..."

Unser Wolfsspitz tat, wenn er Gesang oder Mandolinengeklimper hörte, auf seine Weise mit. Es waren in ihm noch seine Urväter, die Schakale, zugange, und am Geburtstagsabend der Großmutter hielt er den Ziehbrunnen für den geeignetsten „Steppenhügel" zum Mitsingen.

Großmutter sang, der Wolfsspitz heulte und sprang auf den Brunnenkasten, aber der Deckel des Kastens war nicht geschlossen, und der Hundegesang verwandelte sich in ein Plätschern.

Meine Schwester, die um Wasser gegangen war, entdeckte den schwimmenden Wolfsspitz im Brunnen. Die Geburtstagsgäste stürzten auf den Hof. Die Männer ließen eine Leiter in den Brunnen, ein Onkel stieg hinab und brachte den triefenden Hund am Halsband herauf.

In der Stube saß Großmutter und schluchzte: „Habe ich's nicht gesagt?"

Von diesem Geburtstag an war die Vatermutter nie mehr zum Singen zu bewegen. Der Aberglaube hatte ihr das letzte Lied geraubt.

Erwin Strittmatter

Alle Vögel sind schon da

1. Al - le Vö - gel sind schon da, al - le Vö - gel,
al - le! Welch ein Sin - gen, Mu - si - zier'n,
Pfei - fen, Zwit - schern, Ti - ri - lier'n! Früh - ling will nun
ein - mar - schier'n, kommt mit Sang und Schal - le.

2. Wie sie alle lustig sind,
flink und froh sich regen!
Amsel, Drossel, Fink und Star
und die ganze Vogelschar
wünschen dir ein frohes Jahr,
lauter Heil und Segen.

3. Was sie uns verkünden nun,
nehmen wir zu Herzen:
Wir auch wollen lustig sein,
lustig wie die Vögelein,
hier und dort, feldaus, feldein,
singen, springen, scherzen.

Text: August Heinrich Hoffmann von Fallersleben
Melodie: 17. Jahrhundert

Frühlingsball der Tiere

Es war die erste Maiennacht.
Kein Mensch im Dorf hat mehr gewacht.
Da hielten, wie es stets der Fall,
Die Tiere ihren Frühlingsball.

Die Gans, die gute Adelheid,
Fehlt nie bei solcher Festlichkeit,
Obgleich man sie nach altem Brauch
Zu necken pflegt. So heute auch.

Frau Schnabel, nannte sie der Kater,
Frau Plattfuß, rief der Ziegenvater;
Doch sie, zwar lächelnd aber kühl,
Hüllt sich in sanftes Selbstgefühl.

So saß sie denn in ödem Schweigen
Allein für sich bei Spiel und Reigen,
Bei Freudenlärm und Jubeljux.

Sieh da, zum Schluss hat auch der Fuchs
Sich ungeladen eingedrängelt.
Schlau hat er sich herangeschlängelt.

Ihr Diener, säuselt er galant,
Wie geht's der Schönsten in Brabant?
Ich küss' der gnäd'gen Frau den Fittich.
Ist noch ein Tänzchen frei, so bitt ich.

Sie nickt verschämt: O Herr Baron!
Indem, so walzen sie auch schon.

Wie trippeln die Füße, wie wippeln die Schwänze
Im lustigen Kehraus, dem letzten der Tänze.
Da tönt es vier mit lautem Schlag.
Das Fest ist aus. Es naht der Tag.

Bald darauf im frühsten Morgenschimmer
Ging Mutter Urschel aus wie immer
Mit Korb und Sichel, um verstohlen
Sich etwas fremden Klee zu holen.
An einer Hecke bleibt sie stehn:
Herrje, was ist denn hier geschehn?
Die Füchse, sag ich, soll man rädern.
Das sind wahrhaftig Gänsefedern.
Ein frisches Ei liegt dicht daneben.
Ich bin so frei, es aufzuheben.
Ach, armes Tier, sprach sie bewegt,
Dies Ei hast du vor Angst gelegt.

Wilhelm Busch

Der Junge Nils Holgersson
unterwegs mit den Wildgänsen

Es traf sich so, dass es der erste wirklich schöne Frühlingstag dort in der Gegend war. Bisher hatte der Lenz seine Arbeit in Regen und Sturm verrichtet, und als nun plötzlich schönes Wetter geworden war, erfasste die Menschen da unten auf der Erde eine solche Sehnsucht nach Sommer, Wärme und grünen Wäldern, dass es ihnen schwer wurde, bei ihrer Arbeit zu bleiben. Und als die wilden Gänse vorüberzogen, frei und fröhlich, hoch oben über der Erde, war da auch nicht ein einziger, der nicht die Arbeit, mit der er beschäftigt war, einen Augenblick ruhen ließ, um ihnen nachzusehen.

Die Ersten, die eines Tages die wilden Gänse sahen, waren die Grubenarbeiter auf dem Taberge, die ganz oben an der Oberfläche des Berges Erz brachen. Als sie sie gackern hörten, hielten sie inne mit dem Bohren ihrer Sprenglöcher und einer von ihnen rief den Vögeln zu: „Wo reist ihr hin?"

Die Gänse verstanden nicht, was er sagte, der Junge aber beugte sich über den Gänserücken und antwortete für sie: „Dahin, wo weder Hacke noch Schlägel ist!"

Als die Grubenarbeiter die Worte hörten, dachten sie, ihr Sehnen habe gewiss bewirkt, dass das Gackern der Gänse wie Menschenrede geklungen habe. „Wir wollen mit! Wir wollen mit!", riefen sie.

„Dies Jahr nicht!", schrie der Junge. „Dies Jahr nicht!"

Als sie noch eine Strecke geflogen waren, kamen sie nach Husquarna. Das lag in einem Tal. Rings umher standen Berge, steil und schön geformt.

Ein Bach kam von den Höhen in langen, schmalen Wasserfällen herabgestürzt. Große Werkstätten und Fabriken lagen unter den Bergwänden; der Talboden war übersät mit Arbeiterwohnungen, umgeben von kleinen Gärten, und mitten im Tal lag die Schule. Gerade als die Gänse geflogen kamen, ertönte eine Glocke und eine Menge Kinder kamen in einer langen Reihe herausmarschiert. Es waren so viele, dass sie den ganzen Schulhof füllten.

„Wo reist ihr hin? Wo reist ihr hin?", riefen die Kinder, als sie die wilden Gänse hörten.

„Dahin, wo es weder Bücher noch Schulaufgaben gibt!", antwortete der Junge.

„Nehmt uns mit!", riefen die Kinder. „Nehmt uns mit!"

„Dies Jahr nicht, aber übers Jahr", rief der Junge. „Dies Jahr nicht, aber übers Jahr!"

Selma Lagerlöf

Der Kuckuck und der Esel

1. Der Kuckuck und der E-sel, die hat-ten ei-nen Streit: wer wohl am bes-ten sän-ge, wer wohl am bes-ten sän-ge zur schö-nen Mai-en-zeit; zur schö-nen Mai-en-zeit.

2. Der Kuckuck sprach: „Das kann ich!",
und hub gleich an zu schrein.
„Ich aber kann es besser!",
fiel gleich der Esel ein.

3. Das klang so schön und lieblich,
so schön von fern und nah;
sie sangen alle beide:
„Kuckuck! Kuckuck! Iah!"

Text: August Heinrich Hoffmann von Fallersleben
Melodie: Carl Friedrich Zelter

Frühling

Im vergangenen Frühjahr stand ich einmal kurz vor dem Mittagessen im Begriff, in die Stadt hinunterzugehen, auf halber Bergeshöhe, von wo man einen so schönen Ausblick auf das Land genießt. Die feuchte Erde duftete nach Frühling; ich war eben aus dem Tannenwald getreten und stand nun bei einem Gestrüpp oder Gesträuche still, auf dessen dornigem Gezweig sich ein kleiner Vogel aufhielt, der den Schnabel weit offen hatte, dass es wie eine Schere aussah, mit der jemand irgendetwas entzweischneiden will. Offensichtlich war der zarte, kleine Kerl auf dem Zweige bemüht, sich im Singen einzuüben, indem er sich bestrebte, seine Kehle zu lösen. Alles um mich herum war so schön, so süß, so freundlich. Ein zartes heiteres Ahnen, ein Frohlocken, ein noch nicht gelöstes Entzücken, ein noch ungehörtes und noch nicht befreites Jubilieren machte sich überall spür- und hörbar. Ich sah den Frühling im geöffneten Schnäbelchen des Vogels, und als ich einige Schritte, da es von unten herauf schon Mittag läutete, weiterging, sah ich den süßen, lieben, göttlichen Frühling in einer andern, noch ganz andern Gestalt. Eine arme, alte Frau, gedrückt und gebeugt von den Jahren, saß auf einem Mäuerchen und schaute still vor sich, als sei sie in lange Erinnerungen versunken. So weich war die Luft und so mild die gütige Sonne. Das alte Mütterchen saß da und sonnte sich in der Sonne. „Nun ist der Frühling wieder da", sang es in aller Luft, aus allen Ecken und Enden.

Robert Walser

 # Frühlingsnacht

Übern Garten durch die Lüfte
Hört ich Wandervögel ziehn,
Das bedeutet Frühlingsdüfte,
Unten fängt's schon an zu blüh.

Jauchzen möcht ich, möchte weinen,
Ist mir's doch, als könnt's nicht sein!
Alte Wunder wieder scheinen
Mit dem Mondesglanz herein.

Und der Mond, die Sterne sagen's,
Und in Träumen rauscht's der Hain,
Und die Nachtigallen schlagen's:
Sie ist Deine, sie ist dein!

Joseph von Eichendorff

Die Vogelhochzeit

1. Ein Vo-gel woll-te Hoch-zeit ma-chen in dem grü-nen Wal-de. Fi-di-ra-la-la, fi-di-ra-la-la, fi-di-ra-la-la-la-la-la.

2. Die Drossel war der Bräutigam,
die Amsel war die Braute.
Fidirallala, fidirallala, fidirallalalala.

3. Die Lerche, die Lerche,
die führt die Braut zu Kerche.
Fidirallala, fidirallala, fidirallalalala.

4. Der Auerhahn, der Auerhahn,
derselbig war der Kapellan.
Fidirallala, fidirallala, fidirallalalala.

5. Die Meise, die Meise,
die sang das Kyrieleise.
Fidirallala, fidirallala, fidirallalalala.

6. Die Gänse und die Anten,
das warn die Musikanten.
Fidirallala, fidirallala, fidirallalalala.

7. Der Pfau mit seinem bunten Schwanz
macht mit der Braut den ersten Tanz.
Fidirallala, fidirallala, fidirallalalala.

8. Der Kibitz, der Kibitz,
der macht dabei den schönsten Witz.
Fidirallala, fidirallala, fidirallalalala.

9. Der Seidenschwanz, der Seidenschwanz,
der sang das Lied vom Jungfernkranz.
Fidirallala, fidirallala, fidirallalalala.

10. Die Puten, die Puten,
die machten breite Schnuten.
Fidirallala, fidirallala, fidirallalalala.

11. Brautmutter war die Eule,
nahm Abschied mit Geheule.
Fidirallala, fidirallala, fidirallalalala.

12. Das Finkelein, das Finkelein,
das führt die Braut ins Kämmerlein.
Fidirallala, fidirallala, fidirallalalala.

13. Der Uhu, der Uhu,
der macht die Fensterladen zu.
Fidirallala, fidirallala, fidirallalalala.

14. Der Hahn, der krähte: „Gute Nacht!"
Da ward die Lampe ausgemacht.
Fidirallala, fidirallala, fidirallalalala.

15. Nun ist die Vogelhochzeit aus,
und alle ziehn vergnügt nach Haus.
Fidirallala, fidirallala, fidirallalalala.

Text und Melodie: 18. Jahrhundert

Ostern, Ostern,

Auferstehen

Ostermorgen

Die Lerche stieg am Ostermorgen
empor ins klarste Luftgebiet,
und schmettert' hoch im Blau verborgen,
ein freudig Auferstehungslied.

Und wie sie schmetterte, da klangen
es tausend Stimmen nach im Feld:
Wach auf, das Alte ist vergangen,
wach auf, du froh verjüngte Welt!

Emanuel Geibel

 ## Vor-Ostern

Schon am Palmsonntage begann die Karwoche in unserer Kirche mit einem Walde aller möglichen Zweige, die Kätzchen tragen und die man dort Palmen nennt, wahrscheinlich weil man durch sie die Zweige der Palmen nachahmt, die einst dem einziehenden Heilande gestreut wurden.

Die Landleute der umliegenden Dörfer hatten den Wald in die Kirche gebracht und fast jedermann hielt einen Palmenstamm empor, den er schlank und zierlich aus trockenem Fichten-holze geschnitzt hatte und an dessen Spitze sich ein dich-ter Busch von Palmen, das heißt von jedem Kätzchenzweige ausbreitete, untermischt mit dem dunklen Grün der Tannen, die dem Ganzen eine düstere, ernste Feier gaben, namentlich wenn über den Wipfeln die ruhigen Orgeltöne hinschwam-men.

Dann kam der Montag und die Vorbereitungen begannen zu dem traurig-feierlichen Feste. Ungewöhnliche, feierliche Kir-chengebräuche geschahen in den Vormittagen: Dann hörte jedes Glockenläuten, selbst das Schlagen der Uhren auf, was auf mein Kinderherz den Eindruck der tiefsten Trauer machte. In der Kirche aber stand das schwarze Grab mit seinen flim-mernden Lampen von düsterem Rot und Grün und Blau und die andächtige Menge kniete davor, in tiefer, lautloser Stille betend, und in tiefer, lautloser Stille knieten auch die zwei Kirchendiener als Wächter bei dem heiligen Grabe – so groß ist die Macht der dem Menschen angeborenen Religionswei-he, dass mir als Kind, wenn ich in jenen Tagen nur kaum die Schwelle der Kirche betreten hatte, schon die Schauer der Ehr-furcht ins Herz kamen und dass ich mit tiefster Andacht und

Zerknirschung vor dem Heiligen Grabe kniete, das, obwohl von Menschenhänden gemacht, nun nicht mehr Holz und Leinwand war, sondern das bedeutete, was vor zweitausend Jahren als das Geheimnis der Erlösung geschah und seither in der Seele der Menschen fortwirkte.

Abends war das Fest der Auferstehung. So freudenreich ist dies Ereignis, dass bei uns die fromme Sage geht. die Sonne gehe am Ostersonntage nicht wie gewöhnlich auf, sondern hüpfe dreimal freudig empor.

Was ich auch seitdem geirrt und gesucht, wie ich gestrebt und unglücklich war, was sich auch immer geändert: Jenes tiefe, religiöse Gefühl für diese bedeutungsvollste Woche der Christenheit hat mich nicht verlassen und immer ist mir die Karwoche die heiligste, feierlichste Zeit geblieben.

Adalbert Stifter

Ist Palmsonntag
hell und klar,
so gibt's ein gut
und fruchtbar Jahr.

Ein gefeierter Einzug – Palmsonntag

In der Passion Christi wird berichtet, dass die Juden Jesus Christus, auf einem Esel reitend, bei seinem Einzug in Jerusalem mit Palmen zujubelten. Am zweiten Passionssonntag wird die Leidensgeschichte als Evangelium in der Messe vorgelesen und bildet den Hintergrund für die Palmweihe und eine Palmprozession, in der der jubelnde Einzug Jesu in Jerusalem memoriert wird. Dieser Tag heißt darum umgangssprachlich Palmsonntag, manchmal auch schlicht Palm. Die Prozession am Palmsonntag spielte im Mittelalter den Einzug Jesu in Jerusalem nach, so wie er im Matthäusevangelium (Kap. 21) geschildert wird: Ein mit frischem Grün und den früh blühenden Blumen geschmückter Esel wurde mitgeführt. Auf ihm saß ein Seminarist oder junger Kleriker, der Jesus darstellte, wie dieser in Jerusalem einzog. Sehr bald ersetzte man den lebenden Esel und den Kleriker durch geschnitzte, wie sie sich in verschiedenen Kirchen und Museen noch finden lassen. Palmesel dieser Art sind seit dem 10. Jahrhundert bezeugt. Da echte Palmzweige in Deutschland früher nicht und heute nur gegen entsprechende Kosten zu erhalten sind, hat sich nördlich der Alpen der Buchsbaum (lat. Buxus sempervirens) als Palm des kleinen Mannes durchgesetzt. Nur das ein oder andere Domkapitel lässt für seine Zwecke eigens echte Palmzweige einfliegen. Der Palmstrauß, der in die Kirche mitgenommen wird, wird in einzelnen Landesteilen unterschiedlich geschmückt. Weidenkätzchen, Narzissen oder Osterglocken gehören oft dazu. Wenn der Strauß gesegnet aus der Kirche ins Haus zurückkommt, steckt man einzelne Buchsbaumzweige hinter die Kreuze in den Zimmern und bringt andere in die Stallungen. In Oberbayern kann man immer noch Palmsträuße auf den Feldern sehen, die so teilhaben sollen am Segen des Leidens Christi.

Manfred Becker-Huberti

Am Palmsonntage

Der Morgentau will steigen!
Sind denn die Palmen grün?
Auf, lasst mit hellen Zweigen
Uns ihm entgegenziehn!
Er will in unser Haus,
In unsre Kammern kommen;
Schon ziehen rings die Frommen
Mit Lobgesang heraus.

Ich kann nicht mit euch gehen,
Mir ist der Odem schwer;
Die Kreuzesfahnen wehen,
Ich folge nimmermehr.
Wie wird so klar die Luft!
O Jesu, süße Helle,
Du kömmst in meine Zelle,
In meine Modergruft!

Was soll ich dir bereiten,
Du wunderlieber Gast?
Ich möchte dich verleiten
Zu langer Liebesrast.
Wohlan, ich schmücke dich,
Will dich mit Blumen binden;
Du sollst dich nicht entwinden,
Das weiß ich sicherlich.

Aus deiner Mutter Rechten
Will ich um deinen Fuß
Die reine Lilie flechten
Mit demutsvollem Gruß.
Dass ich dich fessle ganz
Mit Liebesblumenringen,
Will um dein Haupt ich schlingen
Den heil'gen Rosenkranz.

Den Boden will ich streuen
Mit Palmen ganz und gar,
Mein Leiden dir zu weihen:
Was ich in diesem Jahr
Oft still, oft schwerer trug.
Es liegt zu deinen Füßen,
Es soll mich nicht verdrießen,
Dein Will' ist mir genug!

Wie soll ich mich doch finden
In deine Liebesmacht,
Dass du an meine Sünden
So gar nicht hast gedacht!
Ich lasse nicht von dir,
Musst du gleich wieder scheiden:
Ich fühl es wohl in Freuden,
Du kömmst noch oft zu mir.

Annette von Droste-Hülshoff

Karwoche

O Woche, Zeugin heiliger Beschwerde!
Du stimmst so ernst zu dieser Frühlingswonne,
Du breitest im verjüngten Strahl der Sonne
Des Kreuzes Schatten auf die lichte Erde

Und senkest schweigend deine Flöre nieder;
Der Frühling darf indessen immer keimen,
Das Veilchen duftet unter Blütenbäumen,
Und alle Vöglein singen Jubellieder.

O schweigt, ihr Vöglein auf den grünen Auen!
Es hallen rings die dumpfen Glockenklänge,
Die Engel singen leise Grabgesänge;
O still, ihr Vöglein hoch im Himmelblauen!

Ihr Veilchen, kränzt heut keine Lockenhaare!
Euch pflückt mein frommes Kind zum dunkeln Strauße,
Ihr wandert mit zum Muttergotteshause,
Da sollt ihr welken auf des Herrn Altare.

Ach dort, von Trauermelodien trunken,
Und süß betäubt von schweren Weihrauchdüften,
Sucht sie den Bräutigam in Todesgrüften,
Und Lieb und Frühling, alles ist versunken.

Eduard Mörike

Die Glocken verstummen – Gründonnerstag

Der Name Gründonnerstag kommt nicht von der Farbe „Grün", wie viele vermuten, sondern von „greinen" (weinen, trauern). An diesem Tag läuten die Kirchenglocken zum letzten Mal, bevor sie bis zur Osternacht verstummen. Dieses Schweigegebot gilt auch für die Altarschellen der Ministranten. Sie benutzen stattdessen Karfreitagsratschen oder -knarren. Die sogenannten Klapperkinder ziehen „ratschend" durch die Gemeinde und machen auf den Gottesdienstbeginn aufmerksam. Es gibt auch Ratschen in der Größe einer Hobelbank, die an den Schalllöchern des Kirchturms fest eingebaut sind – doch nur wenige Gemeinden besitzen eine solche Ratsche. Ein besonderes Ereignis in der Liturgie des Gründonnerstags ist die Fußwaschung. Der Priester vollzieht an zwölf Männern, z. B. Mitgliedern des Pfarrgemeinderates, die Fußwaschung, die Jesus selbst beim letzten Abendmahl an seinen Jüngern vorgenommen hat (Johannes 13,1-5). Diese symbolhafte Fußwaschung gibt es schon seit dem 4. Jahrhundert im Rahmen der Taufhandlung. Das 17. Provinzialkonzil von Toledo forderte im Jahre 694 die Fußwaschung an Gründonnerstag. Verbindlich vorgeschrieben ist sie aber nur für Bischofs- und Abteikirchen. Am Gründonnerstag war es früher üblich, etwas Grünes zu essen. Wer an Gründonnerstag Grünes isst, bleibt das ganze Jahr gesund, so glaubte man. Es gab Sieben- oder Neunkräutersuppen. In Schwaben sollen die mit grünem Gemüse gefüllten Maultaschen an die Ohrfeigen erinnern, die Jesus vom Knecht des Hohepriesters erhalten hat. In anderen Teilen Deutschlands gab es an diesem Tag Spinatkrapfen, Krautkuchen oder grüne Pfannkuchen.

Manfred Becker-Huberti

Spinattarte mit Parmesan

ZUTATEN:

150 g Dinkelmehl, 100 g
Butter, 2 Eier, 400 g TK-Spinat,
Hülsefrüchte zum Blind-
backen, 205 g Sahne,
4 EL Parmesan, Salz,
Pfeffer, Muskat

Aus Mehl, Butter, ½ TL Salz und
einem Ei einen Mürbteig kneten.
In Folie gewickelt kalt stellen.
Spinat auftauen, gut ausdrücken,
mit Salz und Pfeffer würzen. Teig
ausrollen. In eine gefettete
Tarteform legen, dabei einen
Rand formen, mehrmals
einstechen. Bachpapier darauf-
legen, Hülsenfrüchte darauf
verteilen und 15 min bei 200 °C
backen. Ein Ei verschlagen,
Sahne und Parmesan untermi-
schen. Mit Salz, Pfeffer, Muskat
würzen. Form aus dem Ofen
nehmen, Backpapier und
Hülsenfrüchte entfernen. Spinat
darauf verteilen. Sahnemischung
darübergießen. 15–20 min zu
Ende backen. Warm sevieren.

O Haupt voll Blut und Wunden

1. O Haupt voll Blut und Wunden, voll
   o Haupt, zum Spott gebunden mit
   Schmerz und voller Hohn,
   einer Dornenkron,
   o Haupt, sonst
   schön gezieret mit höchster Ehr und Zier, jetzt
   aber hoch schimpfieret: Gegrüßet seist du mir.

2. Du edles Angesichte,
davor sonst schrockt und scheut
das große Weltgewichte:
Wie bist du so bespeit,
wie bist du so erbleichet!
Wer hat dein Augenlicht,
dem sonst kein Licht nicht gleichet,
so schändlich zugericht'?

3. Die Farbe deiner Wangen,
der roten Lippen Pracht
ist hin und ganz vergangen;
des blassen Todes Macht
hat alles hingenommen,
hat alles hingerafft,
und daher bist du gekommen
von deines Leibes Kraft.

4. Nun, was du, Herr, erduldet,
ist alles meine Last;
ich hab es selbst verschuldet,
was du getragen hast.
Schau her, hier steh ich Armer,
der Zorn verdienet hat.
Gib mir, o mein Erbarmer,
den Anblick deiner Gnad.

5. Erkenne mich, mein Hüter,
mein Hirte, nimm mich an.
Von dir, Quell aller Güter,
ist mir viel Guts getan;
dein Mund hat mich gelabet
mit Milch und süßer Kost,
dein Geist hat mich begabet
mit mancher Himmelslust.

6. Ich will hier bei dir stehen,
verachte mich doch nicht!
Von dir will ich nicht gehen,
wenn dir dein Herze bricht;
wenn dein Haupt wird erblassen
im letzten Todesstoß,
alsdann will ich dich fassen
in meinen Arm und Schoß.

7. Es dient zu meinen Freuden
und kommt mir herzlich wohl,
wenn ich in deinem Leiden,
mein Heil, mich finden soll.
Ach, möcht' ich, o mein Leben,
an deinem Kreuze hier
mein Leben von mir geben,
wie wohl geschähe mir!

8. Ich danke dir von Herzen,
o Jesu, liebster Freund,
für deines Todes Schmerzen,
da du's so gut gemeint.
Ach gib, dass ich mich halte
zu dir und deiner Treu'
und, wenn ich nun erkalte,
in dir mein Ende sei!

9. Wenn ich einmal soll scheiden,
so scheide nicht von mir;
wenn ich den Tod soll leiden,
so tritt du dann herfür;
wenn mir am allerbängsten
wird um das Herze sein,
so reiß mich aus den Ängsten
kraft deiner Angst und Pein!

10. Erscheine mir zum Schilde,
zum Trost in meinem Tod,
und lass mich sehn dein Bilde
in deiner Kreuzesnot!
Da will ich nach dir blicken,
da will ich glaubensvoll
dich fest an mein Herz drücken.
Wer so stirbt, der stirbt wohl.

Text: Paul Gerhardt
Melodie: Hanns Hassler

Seht das Kreuz – Passionsfrömmigkeit

Schon immer war der Karfreitag ein „stiller Feiertag", an dem laute, öffentliche Vergnügungen wie Tanzen verboten waren. In allen christlichen Kirchen finden besondere Gottesdienste mit Verehrung des Kreuzes statt. Daneben hat sich ein breites Spektrum an Brauchtum zur Passionsfrömmigkeit gebildet.

Weltberühmt sind die Passionsspiele in Oberammergau. Die Anfänge der Passions- oder Osterspiele, bei denen die Gläubigen in dramatisierter Form das Leiden Christi nachspielen, lassen sich bis in das 10. Jahrhundert zurückverfolgen. Den Passionsspielen eng verwandt sind die Passionsprozessionen. Typisch für sie ist die Visualisierung einzelner Elemente des Leidens Christi: z. B. das Vorzeigen der Leidenswerkzeuge, die Geißelung Christi, Veronika, die Jesus ein Schweißtuch reicht usw. Besonders in Spanien finden heute noch solche Prozessionen statt. Auch in Italien gibt es solche Prozessionen. Im südhessischen Bensheim organisiert seit 1983 die italienische Mission eine Karfreitagsprozession als „religiöses Straßentheater". In Saal (Landkreis Kelheim) hat der Passionsspielkreis die Tradition der Karfreitagsprozession mit lebensgroßen Holzfiguren wiederaufgenommen. Ein besonders eindrucksvoller Karfreitagsbrauch besteht in Romont in der Schweiz. Nach der Lesung der Passionsgeschichte in der Kirche erscheint unter dem Portal Christus, der ein schweres Kreuz schleppt. Dem Gottessohn folgt Maria, dahinter etwa 15 Mädchen, die auf Kissen die Leidenswerkzeuge Christi tragen. Die Prozession erfolgt schweigend, die Teilnehmerinnen sind völlig in Schwarz gekleidet, die Köpfe unter einem Tuch mit Augenschlitzen verhüllt.

Die Reise nach Jerusalem, bis heute von Kindern in einer Spielhandlung nachgespielt, war ursprünglich die Wallfahrt ins Heilige Land. Wer sich auf die Spuren Jesu begab, folgte Christus nach: Er verinnerlichte seinen Glauben, indem er es Christus nachtat. Aber nicht jeder konnte eine langwierige und lebensgefährliche Wallfahrt antreten. Die Menschen begannen deshalb, Jerusalem zu Hause nachzubauen. Kalvarienberge entstanden: ein steiler Weg, der auf den Gipfel eines Berges führt, auf dem die Hinrichtungsstätte auf dem Berge Golgota nachgebaut wurde. Später wurden diese Kreuzwege in die Kirche eingebracht: Als Bilder wurden die einzelnen Stationen des Kreuzweges in der Kirche aufgehängt. Auch das Grab Jesu in Jerusalem wurde in Europa nachgebaut: Einerseits ist das Grab Jesu, Heiliges Grab genannt, Bestandteil der Karfreitagsliturgie, andererseits wurde das Grab in Kirchen und Kapellen, die manchmal Klein-Jerusalem heißen, in Holz oder Stein nachgebaut. Besondere Orte sind: die Kreuzkapelle an den Externsteinen im Lipper Land, zu der Menschen seit fast 900 Jahren pilgern; das Görlitzer Heilige Grab, das 1489 errichtet wurde; Klein-Jerusalem in Willich-Neersen (zwischen Neuss und Mönchengladbach) entstand in der zweiten Hälfte des 17. Jahrhunderts. Eine besondere Variante der figürlichen Darstellung der Ereignisse der Karwoche sind die Passionskrippen, die sich in Süddeutschland noch mancherorts finden lassen. Wie bei der Weihnachtskrippe sieht man die gesamte Handlung in einer mit Figuren besetzten Landschaft. Auf dem Bonner Kreuzberg befindet sich noch eine seltene Form der Passionsfrömmigkeit: eine Heilige Stiege (Scala Santa), die seit dem Spätmittelalter als Treppe des Pilatuspalastes in Jerusalem verehrt wird. Mit dem Heiligen Grab entwickelte sich die Form des Vierzigstündigen Gebetes. Die symbolträchtige Zahl 40 entsprach dem Zeitraum, den Jesu Leichnam im Grab zugebracht haben soll.

Die Verachtung des Judas drückten Christen in den Rumpel- und Pumpermetten aus, aber auch im Judasjagen. Der Name der Messen entstand dadurch, dass das Ende der Andacht durch Klappern und Ratschen angezeigt wurde. Außerdem beteiligte sich bei dieser Andacht in früheren Jahrhunderten auch die Gemeinde durch Geräuscherzeugung mittels Schlagen und Hämmern auf die Kirchenbänke: Dieser Lärm sollte den Zorn der Christen über den Verräter Judas anzeigen.

Manfred Becker-Huberti

Gerstenschrotsuppe

ZUTATEN:

4 EL feines Gersten-Vollkorn-schrot, 1 l Gemüsebrühe, Kräutersalz, 1 Pr. Anispulver, 1 Pr. Fenchelpulver, Muskat, 100 ml Sahne, 2 EL Kerbel

Gerstenschrot im heißen Topf ohne Fett einige Min leicht rösten. Dann die kalte Brühe angießen und unter ständigem Rühren aufkochen lassen. Darauf achten, dass nichts ansetzt. Die Gerste bei milder Hitze etwa 10 min ausquellen lassen. Die Suppe mit den Gewürzen abschmecken. Sahne unter die Suppe ziehen und mit dem fein gehackten Kerbel bestreut servieren.

Mit dem Osterfeuer vor der Kirche beginnt die Feier der Osternacht, der „nox sacratissima". Am geweihten Osterfeuer entzündet, wird die Osterkerze in die Kirche getragen. Sie symbolisiert den auferstandenen Christus, der das „Licht der Welt" ist. Auf der Osterkerze werden durch fünf rote Wachsstücke die Wunden Jesu in Kreuzform angebracht sowie die Jahreszahl. In vielen Gemeinden ist es üblich, dass auch die Gläubigen Kerzen in die Kirche tragen, die von den Ministranten entzündet werden. Mancherorts entzünden die Gottesdienstbesucher ihre Lichter auch selbst an der großen Osterkerze und geben die Flamme untereinander weiter. Nach der Messe nehmen sie diese Kerzen mit nach Hause, wo sie einen Ehrenplatz erhalten. An manchen Orten veranstalten die Menschen Osterfeuer auch außerhalb des Gottesdienstes, meist auf Bergen. Die Feuerräder, die man die Berge hinablaufen lässt, bringen das Licht, das man auf dem Berg zuerst sieht, in das Tal, zu den Menschen. Als Osterwasser wird das in der Kirche gesegnete Taufwasser bezeichnet, das die Gläubigen in kleine Gefäße abfüllen und mit nach Hause nehmen. Das Osterwasser dient dazu, das ganze Jahr über die Weihwasserbecken im Haus zu füllen. Vor allem in Süddeutschland findet sich auch auf den Gräbern ein Weihwasserbehältnis. Besucher segnen mithilfe eines kleinen Palmbuschs das Grab. Nicht nur das gesegnete Taufwasser spielt zu Ostern eine Rolle. Ganz allgemein hat Wasser in der Osternacht eine besondere Bedeutung: Ihm wird Heil- und Segenskraft zugesprochen, es fördert Gesundheit und Schönheit. In der Nacht vom Samstag zum Ostersonntag gingen junge Mädchen schweigend und in aller Heimlichkeit an den Fluss, um Wasser zu holen. Das Wasser brachten sie in Tonkrügen nach Hause. Auch dabei durften sie kein Wort sprechen – sonst hätte das Wasser all seine heilenden Eigenschaften verloren und wäre nur noch „Plapperwasser" gewesen. Natürlich versuchten junge Burschen die Mädchen unterwegs zum Reden oder Lachen zu bringen.

Manfred Becker-Huberti

Osterlied

1. Das Grab ist leer, das Grab ist leer! Er - stan - den ist der Held! Das Le - ben ist des To - des Herr, ge - re - tet ist die Welt, ge - re - tet ist die Welt.

2. Die Schriftgelehrten hatten's Müh,
Und wollten Weise sein;
Sie hüteten das Grab, und sie
Versiegelten den Stein,
Versiegelten den Stein.

3. Doch ihre Weisheit, ihre List
Zu Spott und Schande ward;
Denn Gottes Weisheit höher ist,
Und einer andern Art,
Und einer andern Art.

4. Sie kannten nicht den Weg, den Gott
In seinen Werken geht;
Und dass nach Marter und nach Tod
Das Leben aufersteht,
Das Leben aufersteht.

5. Gott gab der Welt, wie Moses lehrt,
Im Paradies sein Wort;
Und seitdem ging es ungestört
Im Stillen heimlich fort.
Im Stillen heimlich fort.

6. Bis dass die Zeit erfüllet war,
– Die Himmel feirten schon –
Da kam's zutage, da gebar
Die Jungfrau ihren Sohn,
Die Jungfrau ihren Sohn,

7. Den Seligmacher – –. Hoch und hehr,
Und Gottes Wesens voll
Ging er in Knechtsgestalt einher,
Tat Wunder und tat wohl,
Tat Wunder und tat wohl;

8. Und ward verachtet und verkannt,
Gemartert und verklagt,
Und starb am Kreuz durch Menschenhand;
Wie er vorhergesagt,
Wie er vorhergesagt;

9. Und ward begraben, und beweint,
Als sei er tot, allein
Er lebt, nun Gott und Mensch vereint,
Und alle Macht ist sein,
Und alle Macht ist sein.

10. Halleluja! Das Grab ist leer!
Gerettet ist die Welt,
Das Leben ist des Todes Herr!
Erstanden ist der Held!
Erstanden ist der Held.

Text: Matthias Claudius
Melodie: Lobt Gott ihr Christen allzugleich

# Die Wurzeln des Osterfestes

Wenn man über den Ursprung des Osterfestes nachdenkt, stößt man auf verschiedene kulturgeschichtliche Entwicklungen. Die erste Wurzel ist die Freude über das Wiedererwachen des Lebens in der Natur. Die alten Germanen begrüßten den Frühling mit Jubel, der strenge lebensgefährdende Winter war damit für sie vorbei. Und so hat man in den Wäldern Germaniens der Göttin des Frühlings und der Morgenröte, Ostara (die Strahlende), Opfer dargebracht, um der Dankbarkeit und Freude Ausdruck zu verleihen.

Unter diesen Gaben spielte das Ei eine besondere Rolle als das Bild einer Naturkraft, die junges Leben aus harter, toter Schale hervorzubringen vermag. Manche meinen, dass auch der Hase mit seinen vielen Jungen die Fruchtbarkeit des Lebens verkörperte. Aus dieser Zeit stammen manche der Osterbräuche, die auf das Erwachen der Natur hindeuten und die Heilkraft des Frühlings beschreiben.

Die zweite Wurzel des Osterfestes liegt im jüdischen Passahfest begründet. Es wird ja als Erinnerung an die Befreiung aus der ägyptischen Knechtschaft bis heute alljährlich gefeiert. Man erinnert sich an die Bewahrung, an das Verschonen vor dem Racheengel, der in Ägypten alle Erstgeburten schlug, aber an den Häusern Israels vorüberging. Jesus hat bei seinem letzten Mahl mit den Jüngern die Tradition des Passahmahls aufgenommen, ihm aber eine ganz neue Bedeutung gegeben: „Mein Leib, für euch gegeben ..., mein Blut, für euch vergossen ...“ Die frühen jüdisch-christlichen Gemeinden sind bei der alten Ordnung ihres Volkes geblieben. Die sogenannten heiden-christlichen Gemeinden dagegen lehnten diese jüdischen Feiertage und Zeremonien ab. An deren Stelle trat die Erinnerung an Jesus Christus, den Gekreuzigten und Auferstandenen.

Wann Ostern genau zu feiern war, darüber kam es in der frühen Kirche zu Spannungen und heftigen Auseinandersetzungen. Sollte es nach der jüdischen Tradition am 14. des Frühlingsmonats Nisan gefeiert werden oder am Sonntag, dem ersten Tag der Woche, dem Tag, der den Römern von alters her heilig war? Sie nannten diesen Tag den Tag der unbesiegten Sonne (Sol invictus). Das ist die dritte Wurzel von Ostern, die die christlichen Gemeinden übernahmen. Diese Feier füllten sie aber mit einem neuen Inhalt: mit Christus, der vom Tode auferstand. Seitdem feiern wir Ostern am Sonntag nach dem ersten Frühlingsvollmond, also dem Vollmond, der nach dem Frühlingsanfang am 21. März am Himmel erscheint. Diese Regelung wurde auf dem Konzil von Nicäa (325 n. Chr.) formuliert, um einen einheitlichen Ostertermin für die ganze Kirche zu schaffen. Im 5. Jahrhundert setzte sich dieser Termin allgemein durch, zugleich war er auch das Tauffest der Kirche, das acht Tage lang gefeiert wurde.

Das Ei als Symbol der Fruchtbarkeit und des neuen Lebens wurde von der christlichen Kirche als ein Symbol für die Auferstehung Christi übernommen: „Wie der Vogel aus dem Nest gekrochen, hat Jesus Christus das Grab zerbrochen", so lautet ein alter Volksspruch.

Darum hat man Ostereier auch mit kleinen Inschriften versehen, etwa in der Art:

„Ich schenke dir ein Osterei,
das Osterei geht bald entzwei,
die Osterfreude ewig sei."

Merkwürdigerweise hat sich auch der Osterhase in dieser

Tradition erhalten. Er begegnet einem immer wieder auf altchristlichen Tonlampen, Gräbern und Mosaiken. In den Taufkapellen sollte er den erwachsenen Täuflingen vor Augen stehen: Ein Hase, der sein Haus in den Felsen gebaut hat, ist vergleichbar mit dem Menschen, der durch die Taufe sein Leben auf Christus gründet und in ihm allein sicheren Schutz und Geborgenheit hat.

Ostern, die Feier der Auferstehung Jesu Christi als der geheimnisvollen Mitte des Glaubens. Sie gleicht einer Geburt, einmal in Gang gekommen, lässt sie sich nicht mehr aufhalten. Es ist ein Prozess der Erneuerung und Vollendung der Schöpfung Gottes.

Johannes Kuhn

Des Greises Traum

Die Nacht deckte mit dunklem Fittich Land und Meer, goldene Sterne zogen auf am Himmelsbogen, rings umher war Ruhe und friedliche Stille verbreitet. Eugen, der edle Greis, der siebzig Jahre zählte und diese siebzig Jahre nur dazu angewandt hatte, die Werke des Ewigen anzuschauen und in diesen Werken den Abglanz seiner Vollkommenheiten aufdämmern zu sehen, war hinausgewankt aus seiner ärmlichen Hütte und hatte sich auf einem Hügel niedergesetzt, um die Schönheiten der Nacht in ihrer ganzen Fülle zu genießen. Friede und Ruhe strahlten vom Antlitz des frommen Greises, es war, als ob ein Engel auf seiner Stirn thronte, so himmlisch war sein Blick. Und seine Seele bewunderte das große Himmelsgewölbe und erstaunte über das unendliche Heer der Sterne, und unwillkürlich seufzte der Greis: „Gott, wie herrlich sind deine Werke, und wie schön; wie erhaben musst du sein – ach, und wie klein bin ich!" Und gewaltig von dem vernichtenden Gefühl dieses Gedankens durchdrangen, schlummerte der Edle ein. Da war es ihm, als stände er auf einem fernen Sterne, und ein Engel des Herrn stände ihm zur Seite. Liebliche Blumen blühten auf den dunkelgrünen Fluren und erfüllten die stille Luft mit balsamischen Wohlgerüchen; melodische Lieder ertönten aus den luftigen Wäldern, von keiner Wolke war der lichte Himmel getrübt. Zu seinen Füßen rollte die Erde und alles andere Gestirn, und er schaute hernieder, und seine Seele freute sich, als er hernieder schaute und das Treiben der Erdbewohner erblickte. Aber plötzlich ward es auf der Erde dunkel, und immer dunkler; nächtliche Finsternis, wie sie in Gräbern thront, breitete ihr Panier aus nach Ost,

West, Süden und Norden. Und es erhob sich im Osten ein schimmernder Funke, erst klein und kaum erschaubar, aber der Geist des Herrn schwebte hinter ihm wie ein brausender Sturmwind und blies ihn an, dass er zur feurigen Glut ward, und die Glut loderte auf zur verzehrenden Flamme. Und die Ramme verbreitete sich schnell wie ein Blitzstrahl über den ganzen Erdkreis und fuhr lichterloh durch die Luft, dass es schien, als wolle sie auch den Stern vernichten, worauf der Greis stand. Eugen schauderte zurück, aber der Engel sprach liebend zu ihm: „Fürchte dich nicht, du stehst unter des Allmächtigen Obhut, der da spricht zu Flammen und Sturm: Bis hierher und nicht weiter! Schau aber!" Und er schaute bebend hernieder und sah Geister heraufschweben aus dem Qualm, der die ganze Erdenluft erfüllte.

„Siehe", rief der Greis freudig aus, „siehe, wer sind jene da, die daherschweben zu uns in milchweißen Kleidern?" „Das sind Fromme, wie du", sprach der Engel. Mutiger schaute er zum zweiten Mal herab. Aber er bebte und stand still, als wenn ein Schlagfuß seine Glieder gelähmt hatte, wie er zum zweiten Male herabschaute. Der Engel bemerkte es und frag-

te: „Was schrickst du zurück?"

„O", sagte Eugen mit zitternder Stimme und weinte Tränen des Kummers, „o, sieh auf jene!" Und er zeigte mit abgewandtem Gesicht auf die Erde. „Sieh jene Unglücklichen, sie wollen auch emporfliegen und sich retten aus der mörderischen Flamme, aber ihre Flügel sind beschnitten, dass sie dableiben müssen, und eine gewichtige Last beugt ihr Haupt, das sie erheben möchten zur Erde. O wehe, wehe!"

„Rufe nicht ‚wehe!' aus, Greis", sprach der Engel. „Sieh, einst hatten sie solche Flügel wie du und jene Frommen, die jetzt die Ernte genießen ihres mühevollen Säens, aber sie wälzten sich herum in niedrigen Ergötzungen und matteten sich ab in tierischen Wolllüsten. Darob sind ihre Flügel gelähmt, und sie können nicht emporfliegen und ernten, weil der Hauch des Lasters gewaltig die Keime des Edlen, die die Gottheit in ihren Busen gestreut hatte, vernichtete. Und das Joch der Sünde, das sie sich freiwillig aufgeladen hatten, ruht schwer auf ihnen und hemmt ihren Flug, ob ihre Flügel auch mächtig genug wären, ihn zu wagen.

„Und wiederum schaute der Greis herab, und er sah Geister fliegen mit pfeilschnellem Fluge, und schon quoll seine Seele aus in Entzückungen, dass doch noch mehr Sterne das Licht mit ihm teilen sollten. Aber am Scheidepunkte zwischen der irdischen Atmosphäre und dem luftleeren Raum ermattet auch ihr Flug, und sie quälten sich hinaufzufliegen in die lichten Höhen des Himmels und zu entfliehen der näher und näher daherbrausenden Flamme. Sie quälten sich und konnten es nicht.

Und aufs Neue brach der Greis aus in Wehklagen. „Klage nicht, Eugen!", sprach der Engel mit freundlicher Stimme. „Diese, welche du hier siehst, taten in ihrem Leben nichts Böses, aber sie vergaßen auch, Gutes zu tun. Darum kann die irdische Luft sie nicht zurückhalten, aber dem Anker des Himmels ist ihr Gewicht zu schwer. – Denn wisse, Greis, die himmlischen Teile des Menschen sind stark mit Stoffen der

Erde geschwängert, und diese Stoffe sind nur zu läutern im überirdischen Feuer der Tugend, sind nur abzuwaschen im Quell edler, guter Taten."

Plötzlich rauschte es auf Erden wie ein gewaltig stürmendes Meer, und an der tiefsten Tiefe des Abgrundes wanden sich Seelen unter grässlichen Qualen, die sich selbst verfluchten.

„O Gott, Gott", stöhnte der Greis aus beklemmter Brust, „o Gott, diese, diese!" – „Hier weine und rufe: ‚wehe!' aus", sagte der Engel mir ernster Stimme, und sein Antlitz verfinsterte sich. „Das sind Treubrüchige und Verführer. Das sind die einzigen Sünder! Siehst du die Blutstropfen an ihrer Stirn? Das sind Tränen der Unschuld, gelegt in die Waagschale des allgerechten Richters, und Millionen Welten wiegen sie nicht auf. Schau sie näher an! Siehst du jenen da und die Unglücklichen, die sich an ihn klammern und ihn verwünschen? Das ist der Verführer, und die sich an ihn klammern, sind seine Schlachtopfer! Ja, und schaust du ihn an, den Verworfenen, und das Brandmal der Hölle an seiner Stirn? Das ist ein Rabenvater, der seine eigenen Kinder an Galgen und Rad verschacherte. Für alle anderen, die du siehst, ist Erlösung vorhanden. Sie, die versäumt hatten, sich zu reinigen in der Quelle der Tugend, werden jetzt geläutert im Feuer des Unglücks und trinken einst, wenn auch erst nach Jahrtausenden, in vollen Zügen die Wonnen der Seligen! Aber für Treubrüchige und Verführer ist keine Erlösung, Himmel und Erde, Gott selbst kann sie nicht retten, denn alle anderen Sünden greifen bloß irdische Güter an, vernichten höchstens die gestreuten Keime, vergiften nicht die noch im Herzen schlummernde Saat. Aber diese! Sie morden die Unschuld und trinken ihr Blut. Sie zerfressen den innersten Keim des Geistes, dass der Zerrüttete sinnlos hinabtaumelt in die Wogen der Hölle! Sie vergiften die Saat mit höllischer Geschäftigkeit, die Gott und die Natur in den innersten Winkel der Seele gestreut hatten, sie lösen das Band, das die Menschen an die Menschheit bindet, das die Menschheit an die ewige Vorsehung knüpft – und darum ist auf sie hingesetzt ewiger Tod." Und das Antlitz des Engels glühte wie Morgenrot, und aus seinen himmlischen Augen quollen Tränen des Mitleids. „O", rief er, grässlich eingeengt, aus, „o, dass ich sie retten könnte! Meinen Himmel wollte ich verlieren! Aber eher treten Hölle und Himmel aus den Schranken, als dass die Kluft fällt, die ihre Wohnung von der Wohnung der Seligen trennt. Denn verschlossen ist ihnen die einzige Brücke, die dem Sünder den Eingang in den Himmel öffnet. Sie können nicht bereuen, denn sie verzweifeln, und Verzweiflung ist von der Reue weiter entfernt als der Himmel von der Erde."

Und der Engel versank in dumpfes Hinbrüten. Endlich sagte er wiederum leicht vor sich hin: „Und das wollen sie nicht erkennen! Ja, ihr Menschen mir eurer Philosophie, die Atome alles Vorhandenen wollt ihr kennen, die Spuren der Dinge berechnen, und kennt nicht euer eigenes erstes Gesetz. Mit Seraphimen wollt ihr aus ewigen Quellen Licht schöpfen und prüft nicht erst, ob ihr es auch ertragen könnt, und denkt nicht, dass es im Grunde einerlei ist, zu

viel als zu wenig Licht zu haben! Wahrheit wollt ihr euch erringen und bedenkt nicht, dass die einzige Wahrheit, die euch hier erleuchten wird, nur eine Erkenntnis des Irrtums ist! Das Gesetz der Natur, der geheimnisvollen Mutter aller Kraft, widerspricht sich an keiner Stelle; es ist ewig Harmonie mit sich selbst – das wisst ihr, und doch denkt ihr nicht daran, dass sie sich notwendig widersprechen müsste, wenn sie euch die Fähigkeit gegeben hätte, die höchste Wahrheit hier schon zu ertragen, ohne euch diese Wahrheit wirklich zu geben! – Ha, mit eurer Philosophie ist es wie mit euren Irrlichtern! Beide glänzen, aber beide führen auch in die Irre, und was ist hier auch zu grübeln! Traut dem göttlichen Funken in euch, der da spricht: Tugend ist eure Bestimmung. Das wisst ihr, und das einzige Mittel, durch das ihr die Bestimmung erreichen

könnt, ist: Strebt, Harmonie zwischen Neigung und Pflicht herbeizuführen! Aber nie werden Neigung und Pflicht in euch harmonieren, wenn ihr nicht strebt, stets Herr über den Augenblick zu sein. Denn von dem Augenblick hängen Hölle und Himmel im irdischen Leben ab. Der Augenblick kann euch zum Gott erheben, aber auch zum Teufel stürzen. Daher ist euer ganzes Sittengesetz: Seid Herren des Augenblicks oder seid Natur! Tugend ist eure Bestimmung, und diese Bestimmung ist, weil Natur sie gegeben hat, Natur. Folgt der Natur! Ihr könnt, was ihr wollt. Habt den Willen, Natur zu sein, und ihr seid es, und seid ihr ganz Natur, so habt ihr eure Bestimmung ganz erreicht." Abermals versank der Engel in düsteres Schweigen. Betrübt und niedergeschlagen stand Eugen ihm zur Seite, denn auch er war sich bewusst, nicht immer Herr des Augenblicks gewesen zu sein. Aber horch! Da ertönte himmlische Musik von ferne, dem Ohr lieblicher als Flötenklang und Nachtigallenlied, und siehe, am Ende der Schöpfung ging die Herrlichkeit des Herrn in voller Glorie auf. Tausend und abertausend Seelen beteten ihn an, und ihr Gebet öffnete ihnen die Augen, dass sie ihn schauten, und das Schauen gewährte ihnen der Seligkeit höchste Fülle. Noch bebte Eugen und wagte nicht, den Blick aufzuschlagen. Aber freundlich hauchte der Engel ihn an, und der durchbohrende Gedanke schwand, dass auch keine Erinnerung von ihm zurückblieb; Eugen wandte sich und – o Entzückung aller Entzückungen – er sah die Herrlichkeit Gottes! Ewiger Frühling war verbreitet um ihn her. Sein Antlitz glühte wie Lenzesmorgen, sein Gewand war gestickt aus lauter Sonnen, sein Thron war ein unvergänglicher Regenbogen. Gnädig winkte er dem seligkeittrunkenen Greise, jetzt sich bewegend in ewiger Rosenfülle der Jugend – der Engel führte den Entzückten zum Throne hinan – Gott reichte ihm den Kranz der Vollendung. Siehe, da küssten ihm Seraphim den Willkommenskuss – und die Geister freuten sich ihres Mitbruders.

Den anderen Morgen sahen die Dorfbewohner den geliebten Greis unbeweglich auf dem Hügel sitzen – sie gingen hinan und sahen, dass er den ewigen Schlaf schlummerte. In dem höchsten Entzücken dieses Traumes, einem Vorgefühl der Freude des besseren Lebens, hatte dieses Übermaß das nur

Osterzopf

ZUTATEN:

500 g Mehl, 30 g Hefe, 50 g Zucker, ¼ l Milch, 125 g Butter, 2 Eier, ½ TL Salz, 1 Pr. Muskat und Piment, Schale 1 Zitrone, 1 Eigelb, 3 EL Hagelzucker

Mehl in eine Schüssel geben. In eine Mulde Hefe bröseln. Mit 1 TL Zucker und 6 EL Milch verrühren. 20 min gehen lassen. Fett, Rest Zucker in warmer Milch auflösen. Eier unterrühren. Salz, Muskat, Piment, Zitronenschale zum Mehl geben. Alles zum geschmeidigen Teig verkneten. Gehen lassen, bis sich Menge verdoppelt. Auf einer bemehlten Fläche den Teig in drei Teile teilen. Zu 30 cm langen Strängen formen. Einen Zopf daraus legen. Auf einem Blech mit Backpapier 15 min gehen lassen. Eigelb und 1 EL Milch verquirlen, Zopf bestreichen. Mit Zucker bestreuen. Bei 200 °C ca. 20 min backen.

noch schwache Band gelöst, welches seine mutige Seele an den zerfallenen Körper fesselte. Das Blut war erstarrt, die Hände des Edlen fühlten sich kälter, aber sein frommes Auge war nicht gebrochen, es strahlte vor belohnter Gottergebung.

Man bestattete ihn zur Gruft. Kein prahlendes Monument posaunt dem Wanderer zu, wer hier den Todesschlaf hält, einfach und ärmlich erhebt sich über seiner Ruhestatt ein hölzernes, halb vermodertes Kreuz – aber es weinten um ihn die Gerechten, als er dahin war, und ...

Er war erwacht aus dem Traum des Lebens zum Leben selbst und hatte nun statt der Hoffnung den Genuss erblickt, statt der Dämmerung das Licht.

Friedrich Hebbel

Nachdenken des Joseph von Arimathia über das leere Grab

Erstaunliches höre ich. Ein Bote des mir befreundeten Ben Choreb brachte die Nachricht soeben in die Stadt. Ich hatte ein Bad genommen, wie ich es stets tue, um mit ausgeruhter, gereinigter Kraft das Tagewerk zu beginnen, da stürzte der Bote in den Hof. Dem Türhüter, der ihm die Botschaft abnehmen wollte, verweigerte er jede Auskunft. „Dies", rief er, „ist nicht für deine Ohren! Wo ist der Herr?" Nun also, er hatte es auf mich abgesehen – was konnte es demnach anderes sein als etwas Erschreckendes? Ich gestehe, dass ich, am Spiegel vorübereilend, mein Gesicht bleich fand. Als ich den Vorhang zur Seite zog, zitterten die Hände. Ich zögerte, ich suchte mich zu sammeln, dann winkte ich den Burschen herein. Nun gut, ich weiß jetzt, dass es sich um das Grab handelt. Und ich werde wohl nicht zur Ruhe kommen, bis diese undurchsichtige, fast beängstigende Sache geklärt ist. Aber wird sie sich jemals klären lassen? Welche Gewalten gehen da über mich hinweg, über diesen gewiss gutwilligen, jedoch nur am Rande beteiligten Joseph aus Arimathia, von dem ich nicht mal genau weiß, aus welch unerfindlichen Gründen er sich jene großartige, in den Fels gehauene Grabstätte herrichten ließ. Doch nicht aus Prahlerei? Nicht aus lachhafter Zurschaustellung seines Reichtums? Nicht, weil er etwa krank gewesen wäre, ein vom Tode Gezeichneter – aus Vorsorge also, wie dies bei solcher Bewandtnis einem rechtschaffenen Verwalter des ihm anvertrauten Gutes zukäme? Oder womöglich seinem philosophischen Kopf zuliebe, der sich nicht scheut, auf der Höhe seines Lebens die ihm gesteckte Zeitlichkeit ins Auge zu fassen?

War es so? War es nicht vielmehr umgekehrt? Besinne dich, Joseph – du, der du nach dem Erzvater genannt bist, dessen Gebeine man in einer Lade aufbewahrte, um sie desto leichter aus Ägyptenland forttragen zu können –, was bewog dich, dieses dein Grab so felsenfest und unwiderstehlich zu machen? War es nicht die Angst, die nackte, schlotternde Angst? Und die hinterhältige Hoffnung, der Tod könnte, da du ihm solch großartige Wohnung bautest, dir seinerseits Reverenz erweisen, indem er dich verschont? War dieses kostbare Grab also ein Versuch, die Furcht zu überspielen? Machte es in seiner Leere nicht den Eindruck des Entbehrlichen, des noch lange nicht Benötigten? Wer so sorgsam vorbereitet, will er nicht dieser Sache ledig sein? Sie verbannen aus seinen Gedanken? Besinne dich, Joseph. Wie ungeschmälert fühltest du dich, als du den immerhin seltsamen Entschluss fasstest. Die Planung machte dir, trotz des Baumeisters Stirnrunzeln, ungewöhnlichen Spaß. Dieses Wort ist womöglich fehl am Platze, doch entspricht es genau deiner damaligen Gemütsverfassung. Fast schien es, als hättest du den heimlichen Schrecken, der dich mitunter befiel, entwaffnet. Beschwingt gingst du deinen Geschäften nach. Wie andere sich einen Pavillon bauen, ein Gartenhaus oder sonst ein Refugium, so plantest du diese Gruft, ihre Lage nahe der Stadt, ihre in den Fels gehauene Wölbung, den gemauerten Grund, das weite, doch leicht verschließbare Portal. Man sah dich oft die Bauarbeiten beaufsichtigen. Das Reittier bandest du an die Sykomore, dann saßest du im Schatten, und, gestehe es, ein ruhiges Behagen erfasste deine Sinne. Du erfreutest dich bester Gesundheit. Deine Besitztümer warfen mehr ab, als du brauchtest. Deine Weiber, deine Kinder, sie erquickten dein Herz, den Freunden warst du ein verlässlicher Freund. Joseph aus Arimathia, ein

Mann auf der Höhe seines Lebens – was konnte er Besseres tun, als freiwillig demjenigen Tribut zu zollen, dem er trotz allem untertan war? Und dieser, der Unbezwingliche, hatte er nicht bereits gelächelt und genickt? Sah es nicht ganz so aus, als würde er sich mit diesem Erweis der Unterwerfung zufriedengeben? Die Sache war in Ordnung, wie es schien. Oder nicht? Warum musste vor acht Monaten Eli, das Söhnchen der dritten Frau, sterben? Gewiss, ein kleines, ungezähltes Kind, doch sein plötzliches Dahinschwinden war nicht aufzuhalten, auch durch jenen Mann aus Nazareth nicht, dem ich mich anschloss, weil er das Lachen der Unmündigen höher einschätzte als die Sätze der Synagogenlehrer. Jedes seiner Worte bewahrte ich in mir auf, die königlichen, die prophetischen, die praktischen, besonders diese, die für den täglichen Gebrauch bestimmt sind. Ich war dabei, als er in Jerusalem einzog. Ich hegte die gleiche Hoffnung, die auch das jubelnde Volk erfüllte: ein Großer, der da kommt im Namen des Herrn! Ein Unwiderstehlicher, ein Retter für uns alle! Ich trieb mich in den Höfen herum, wo er Quartier nahm. Fast setzte ich meinen Ruf auf's Spiel, die Mägde blickten mir misstrauisch nach, doch ich wollte ihn nicht aus dem Auge lassen. Ich erschrak. Ich konnte es nicht hindern, dass ich unruhige Träume bekam. Auch ertappte ich mich dabei, dass ich nicht wie sonst, wenn ich die Stadtmauer hinter mir ließ, einen Aufenthalt im Schatten der Sykomore nahm, dicht an der Grabstätte. Ich mied diesen Ort – nein, das offene Gewölbe wollte ich nicht sehen, sein Anblick machte mich schaudern. War es so, dass man auch in der Gefolgschaft dieses Mannes nicht sicher sein konnte? Ich weiß, die Leute rätseln darüber, was mich bewog, dem Hingerichteten die Gruft zur Verfügung zu stellen, einem Menschen, dessen Sendung offensichtlich gescheitert war. Die Wahrheit ist: Ich wollte das Grab los sein. Der Übermut, es geplant und gebaut zu haben, reute mich. Ohne langes Nachdenken ergriff ich die Gelegenheit, ging zu Pilatus und bat, den geschundenen Leichnam bestatten zu dürfen. Die Schar der Jünger hatte sich verflüchtigt. Niemand kümmerte sich um den Toten. Warum also sollte ich ihm, dem ich nur von ferne gefolgt war, nicht die Ehre antun? Bei der Kläglichkeit seines Endes mochte es tröstlich sein, dass er wenigstens eine ansehnliche Behausung für den ewigen Schlaf fand, dem auch er nicht zu entrinnen vermochte. Ich atmete auf trotz der schrecklichen Begleitumstände. Das Grab war nicht mehr leer. Es hatte seine Bestimmung gefunden. Ich jedenfalls brauchte nicht hinein. Verschlossen war die Öffnung und versiegelt. Des Pilatus Kriegsknechte saßen als Wächter davor. Die Drohung, der ich mich immer stärker ausgeliefert fand, schwieg. Zwei Tage schwieg sie. Und heute? Heute, am dritten Tag, höre ich Erstaunliches. Der Bote, den Ben Choreb mir schickte, will mit eigenen Augen gesehen haben, dass der Torstein fortgewälzt ist. Die Wächter sind geflohen. Und das Erschreckendste: Das Grab ist leer. Leer wie es vordem gewesen. Ich frage: Was soll das? Nicht den Boten frage ich, der das Ereignis kaum auf sich selber bezieht, nein, dazu hat er wenig Ursache. Doch ich, dessen Gesicht mir aus dem Spiegel bleich entgegenstarrt, dessen Hand zittert – ich, der ich offenbar gemeint bin, ich frage: Was habe ich mit der neuerlichen Öffnung des Grabes zu schaffen? Gehört es jetzt wieder mir? Wartet es von nun an auf keinen anderen als auf diesen Joseph aus Arimathia, der sich ihm leichtfertig entzog? Was aber bedeutet es, dass unterdessen ein anderer darin lag? Wo ist er, dieser andere? Und was soll man davon halten, dass es heißt, er sei von den Toten auferstanden? Genau gesagt: Er lebe? Hat er, dieser Mann aus Nazareth, eine andere Art von Leben begründet? Und diese Neugründung des Lebens, hat sie nicht stattgefunden in meinem Grab? In dieser Höhlung, die auch mich eines Tages aufnehmen wird, doch jetzt unter welch ungeheurem Vorausgang? Wo der Tod einmal besiegt wurde, kann er da je wieder Macht gewinnen? Darüber grüble ich, seit der Bote vom Hof ging. Die Tatsachen werde ich prüfen. Doch spüre ich, dass weit über das Sichtbare hinaus hier eine Nachricht zu mir gelangt ist, die ich nicht heute und nicht morgen zu Ende denke.

Rudolf Otto Wiemer

Osterkranz

ZUTATEN:

20 g Hefe, 200 ml Milch, 80 g Zucker, 500 g Mehl, 200 g Mandelplättchen, 1 P. Vanillezucker, 130 g Butter, 100 g Rosinen, 40 g Honig, 1 EL Sahne

Hefe in lauwarmer Milch mit 1 EL Zucker auflösen. Mehl, 100 g Mandeln, Vanillezucker, 80 g Butter verrühren. Hefemilch angießen, zu einem glatten Teig verkneten, gehen lassen. Rosinen einarbeiten. Wieder gehen lassen. Teig in 2 Portionen teilen, zu je 70 cm langen Strängen rollen, zu einem Zopf flechten. Auf einem Blech zum Kranz legen. Nochmals gehen lassen. Kranz 30 min bei 180 °C backen. Inzwischen Honig mit Mandeln, Sahne, Butter aufkochen. Kranz nach 20 min Backzeit damit bestreichen.

 # Die Auferstehung

Auferstehn, ja auferstehn
wirst du, mein Staub, nach kurzer Ruh!
Unsterblich's Leben wird, der dich schuf, dir geben!
Halleluja!

Wieder aufzublühn,
werd' ich gesät; der Herr der Ernte geht
und sammelt Gaben uns ein, uns ein,
die starben! Halleluja!

Tag des Danks, der Freudentränen,
Tag, du meines Gottes Tag,
wenn ich am Grabe genug geschlummert habe
erwecke du mich!

Wie den Träumenden,
wird's dann uns sein!
Mit Jesu gehen wir ein
zu seinen Freuden; der müden Pilger Leiden
sind dann nicht mehr!

Ach ins Allerheiligste
führt mich mein Mittler dann,
leb' ich im Heiligtume
zu seines Namens Ruhme!
Halleluja!

Friedrich Gottlieb Klopstock

Ein Lämmlein geht getragen

1. Ein Lämm - lein geht und trägt die Schuld
   es geht und bü - ßet in Ge - duld
   der Welt und ih - rer Kin - der;
   die Sün - den al - ler Sün - der;
   es geht da-hin, wird matt und krank, er - gibt sich
   auf die Wür-ge-bank, ent - sa-get al-len Freu-den;
   es nim - met an Schmach Hohn und Spott,
   Angst Wun-den, Strie - men, Kreuz und Tod
   und spricht: „Ich will's gern lei - - den."

2. Das Lämmlein ist der große Freund
und Heiland meiner Seelen;
den, den hat Gott zum Sündenfeind
und Sühner wollen wählen.

Geh hin, mein Kind, und nimm dich an
der Kinder, die ich ausgetan
zur Straf' und Zornesruten.
Die Straf' ist schwer, der Zorn ist groß,
du kannst und sollst sie machen los
durch Sterben und durch Bluten.

3. Ja, Vater, ja, von Herzensgrund,
leg' auf, ich will dir's tragen;
mein Wollen hängt an deinem Mund,
mein Wirken ist dein Sagen.
O Wunderlieb', o Liebesmacht,
du kannst, was nie kein Mensch gedacht,
Gott seinen Sohn abzwingen!
O Liebe, Liebe, du bist stark,
du streckest den ins Grab und Sarg,
vor dem die Felsen springen!

4. Mein Lebetage will ich dich
aus meinem Sinn nicht lassen,
dich will ich stets, gleichwie du mich,
mit Liebesarmen fassen.
Du sollst sein meines Herzens Licht,
und wenn mein Herz in Stücke bricht,
sollst du mein Herze bleiben;
ich will mich dir, mein höchster Ruhm,
hiermit zu deinem Eigentum
beständiglich verschreiben.

5. Ich will von deiner Lieblichkeit
bei Nacht und Tage singen,
mich selbst auch dir nach Möglichkeit
zum Freudenopfer bringen.

Mein Bach des Lebens soll sich dir
und deinem Namen für und für
in Dankbarkeit ergießen;
und was du mir zu gut getan,
das will ich stets, so tief ich kann,
in mein Gedächtnis schließen.

6. Das soll und will ich mir zunutz
zu allen Zeiten machen;
im Streite soll es sein mein Schutz,
in Traurigkeit mein Lachen,
in Fröhlichkeit mein Saitenspiel;
und wenn mir nichts mehr schmecken will,
soll mich dies Manna speisen;
im Durst soll's sein mein Wasserquell,
in Einsamkeit mein Sprachgesell
zu Haus und auch auf Reisen.

7. Wenn endlich ich soll treten ein
in deines Reiches Freuden,
so soll dies Blut mein Purpur sein,
ich will mich darein kleiden;
es soll sein meines Hauptes Kron',
in welcher ich will vor dem Thron
des höchsten Vaters gehen
und dir, dem er mich anvertraut,
als eine wohlgeschmückte Braut
an deiner Seite stehen.

Text: Paul Gerhardt
Melodie: Wolfgang Dachstein „An Wasserflüssen Babylon" (Zu Psalm 137)

Auferstehung

Vier Priester stehen im weiten Dom der Natur und beten an Gottes Altären, den Bergen, – der eisgraue Winter mit dem schneeweißen Chorhemd – der sammelnde Herbst mit Ernten unter dem Arm, die er Gott auf den Altar legt und die der Mensch nehmen darf – der feurige Jüngling, der Sommer, der bis Nachts arbeitet, um zu opfern – und endlich der kindliche Frühling mit seinem weißen Kirchenschmuck von Blüten, der wie ein Kind Blumen und Blütenkelche um den erhabenen Geist herumlegt und an dessen Gebete alles mitbetet, was ihn beten hört. – Und für Menschenkinder ist ja der Frühling der schönste Priester.

Diesen Blumenpriester sah der kleine Gustav zuerst am Altar. Vor Sonnenaufgang am ersten Junius (unten wars Abend) kniete der Genius schweigend hin und betete mit den Augen und stumm-zitternden Lippen ein Gebet für Gustav, das über sein ganzes gewagtes Leben die Flügel ausbreitete. Eine Flöte hob oben ein inniges liebendes Rufen an, und der Genius sagte, selbst überwältigt: „Es ruft uns heraus aus der Erde, hinauf gen Himmel; geh mit mir, mein Gustav." Der Kleine bebte vor Freude und Angst. Die Flöte tönet fort – sie gehen den Nachtgang der Himmelleiter hinauf –, zwei ängstliche Herzen zerbrechen mit ihren Schlägen beinahe die Brust – der Genius stößet die Pforte auf, hinter der die Welt steht – und hebt sein Kind in die Erde und unter den Himmel hinaus ... Nun schlagen die hohen Wogen des lebendigen Meers über Gustav zusammen – mit stockendem Atem, mit erdrücktem Auge, mit überschütteter Seele steht er vor dem unübersehlichen Angesicht der Natur und hält sich zitternd fester an seinen Genius ... Als er aber nach dem ersten Erstarren seinen Geist aufgeschlossen, aufgerissen hatte für diese Ströme – als er die tausend Arme fühlte, womit ihn die hohe Seele des Weltalls an sich drückte –, als er zu sehen vermochte das grüne taumelnde Blumenleben um sich und die nickenden Lilien, die lebendiger ihm erschienen als seine, und als er die zitternde Blume totzutreten fürchtete – als sein wieder aufwärts geworfnes Auge in dem tiefen Himmel, der Öffnung der Unendlichkeit, versank – und als er sich scheuete vor dem Herunterbrechen der herumziehenden schwarzroten Wolkengebirge und der über seinem Haupt schwimmenden Länder – als er die Berge wie neue Erden auf unserer liegen sah – und als ihn umrang das unendliche Leben, das gefiederte neben der Wolke fliegende Leben, das summende Leben zu seinen Füßen, das goldne kriechende Leben auf allen Blättern, die lebendigen, auf ihn winkenden Arme und Häupter der Riesenbäume – und als der Morgenwind ihm wie der große Atem eines kommenden Genius schien und als die flatternde Laube sprach und der Apfelbaum seine Wange mit einem kalten Blatt bewarf –, als endlich sein belastet gehendes Auge sich auf den weißen Flügeln eines Sommervogels tragen ließ, der ungehört und einsam über bunte Blumen wogte und ans breite grüne Blatt sich wie eine Ohrrose versilbernd hing ...: So fing der Himmel an zu brennen, der entflohenen Nacht loderte der nachschleifende Saum ihres Mantels weg, und auf dem Rand der Erde lag, wie eine vom göttlichen Throne niedergesunkene Krone Gottes, die Sonne. Gustav rief: „Gott steht dort", und stürzte mit geblendetem Auge und Geiste und mit dem größten Gebet, das noch kein kindlicher zehnjähriger Busen fasste, auf die Blumen hin ...

Schlage die Augen nur wieder auf, du Lieber! Du siehst nicht mehr in die glühende Lavakugel hinein; du liegst an der beschatteten Brust deiner Mutter, und ihr liebendes Herz darin ist deine Sonne und dein Gott – zum ersten Mal sieh das unnennbare holde, weibliche und mütterliche Lächeln, zum ersten Male höre die elterliche Stimme; denn die ersten zwei Seligen, die im Himmel dir entgegengehen, sind deine Eltern. O himmlische Stunde! Die Sonne strahlt, alle Tautropfen funkeln unter ihr, acht Freudentränen fallen mit dem milden Sonnenbilde nieder, und vier Menschen stehen selig und gerührt auf einer Erde, die so weit vom Himmel liegt! Verhülltes Schicksal(!) wird unser Tod sein wie Gustavs seiner? Verhülltes Schicksal(!) das hinter unsrer Erde wie hinter einer Larve sitzet und das uns Zeit lässet zu sein – ach, wenn der Tod uns zerleget und ein großer Genius uns aus der Gruft in den Himmel gehoben hat, wenn dann seine Sonnen und Freuden unsere Seele überwältigen, wirst du uns da auch eine bekannte Menschenbrust geben, an der wir das schwache Auge aufschlagen? O Schicksal (!), gibst du uns wieder, was wir niemals hier vergessen können? Kein Auge wird sich auf dieses Blatt richten, das hier nichts zu beweinen und nichts dort wiederzufinden hat: Ach, wird es nach diesem Leben voller Toter keiner bekannten Gestalt begegnen, zu der wir sagen können: willkommen? ...

Das Schicksal steht stumm hinter der Larve; die menschliche Träne steht dunkel auf dem Grabe; die Sonne leuchtet nicht in die Träne. – Aber unser liebendes Herz stirbt in der Unsterblichkeit nicht und vor dem Angesichte Gottes nicht.

Jean Paul

Lamm mit Orangen

ZUTATEN:

3 Orangen, 1 Granatapfel,
4 Lammrückenfilets, Salz, Pfeffer,
Zimt, 2 EL Öl, 200 ml Gemüsefond,
150 ml Maracujasaft,
1–2 TL Speisestärke, 2 Lauchzwiebeln

Orangen schälen, dass die weiße Haut entfernt ist. Früchte quer in Scheiben schneiden. Kerne aus einer Granatapfelhälfte lösen. Andere Hälfte auspressen, durch ein Sieb gießen. Filets mit Salz, Pfeffer, Zimt einreiben, im heißen Öl rundum 2–3 min scharf anbraten. Dann mit den Orangenscheiben auf eine ofenfeste Platte legen, im vorgeheizten Ofen bei 160 °C ca. 8–10 min garen. Fleisch und Orangen in Alufolie warmhalten. Bratensatz mit Fond, Maracuja- und 4 EL Granatapfelsaft ablöschen. Auf 200 ml einkochen. Mit Speisestärke binden. Mit Gewürzen abschmecken. Filetscheiben mit Granatapfelkernen, Orangen, Zwiebelringen anrichten.

Osterpredigt in Reimen

Verehrter Mitmensch, höre und vernimm
freundwillig mit Hulden und ohne Grimm:
Dieweil es nun Ostern geworden ist,
sollst du, von welcher Art du auch bist,
ob Heide, Jude, Moslem, Christ,
durchaus vergnügt im Herzen sein,
osterwürdig und osterrein.

Mit einem Birkenreise kehre
aus deiner Seele den Geist der Schwere!
Der Wenns und Abers und Achs und Os,
die hart und starr dein Herz umwindet,
dass der Geist, der leichte, kaum Eingang findet,
mache dich hurtig und heiter los!

Du brauchst nichts weiter dazuzutun,
als dich im Grünen auszuruhn.
Da atmet sich's sehr wonnig ein,
was dir das Herz macht frei und rein:

Der jungen Blumen frischer Hauch
und die Augen haben der Wonne auch,
denn nichts ist lieblicher anzusehn,
als wie sie da hold beisammenstehn,
blau, weiß und rosa, klar und licht,
der Erde süßestes Ostergedicht.

An ihnen dir ein Beispiel zu nehmen,
sollst du, ach Mensch, dich keineswegs schämen!

Vergiss dein Gehirn eine Weile und sei
gedankenlos dem lieben Leben
blumeninnig hingegeben;
vergiss dein Begehren, vergiss dein Streben
und sei in seliger Einfalt frei
des Zwangs, der dich durchs Hirn regiert!

Er hat dich freilich hochgeführt
und vieles dir zu wissen gegeben,
aber das allertiefste Leben
wird nicht gewusst, wird nur gespürt.

Der Blumen zarte Wurzeln fühlen
im keimlebendigen, frühlingskühlen
Erdboden mehr von ihm als du.
Und bist doch auch ein Kind der Erde.
Dass sie nicht sinnenfremd dir werde,
wende ihr heut die Sinne zu!

Das ist der festlich tiefe Sinn
der Ostertage: Mit Entzücken
sollst du zum Mutterschoß dich bücken.
Gib heut, o Mensch, dich innerst zu beglücken,
der Mutter Erde frühlingsfromm dich hin!

Otto Julius Bierbaum

Christ ist erstanden

1. Christ ist er-stan-den ⸯ von der Mar-ter
2. Wär er nicht er-stan-den, so wär die Welt ver-

al - le. Des solln wir al - le froh__ sein; ⸯ
gan - gen. ⸯ Seit dass er er-stan-den ist, so

Christ will un-ser Trost sein. Ky - ri - e - leis.
freut sich al-les, was da ist. Ky - ri - e - leis.

3. Hal - le - lu - ja. Hal - le - lu - ja. Hal - le -

lu - ja. Des solln wir al - le froh sein;

Christ will un-ser Trost sein. Ky - ri - e - leis.

Text: Bayern/Österreich
Melodie: Salzburg, Tegernsee, Wittenberg

Ostermontag

Am Ostermontag wird traditionell das Evangelium von den beiden Emmausjüngern gelesen, die enttäuscht Jerusalem verlassen. Sie hatten gehofft, dass Jesus das Reich Davids wieder errichten und die römische Besatzung vertreiben würde. Jesus gesellt sich ihnen zu, sie erkennen ihn nicht. Er erklärt ihnen aus der jüdischen Bibel, dass „der Messias all das erleiden [musste], um so in seine Herrlichkeit zu gelangen" (Lukas 24,26). Als sie mit ihm in Emmaus einkehren und er mit ihnen Mahl hält, erkennen sie ihn. Jesus entzieht sich, die beiden kehren nach Jerusalem zurück. Der durch Goethes „Faust" berühmt gewordene Osterspaziergang leitet sich von diesem Emmausgang her.

Eckhard Bieger

Osterspaziergang

Vom Eise befreit sind Strom und Bäche
Durch des Frühlings holden, belebenden Blick;
Im Tale grünet Hoffnungsglück;
Der alte Winter, in seiner Schwäche,
Zog sich in raue Berge zurück.
Von dort her sendet er, fliehend, nur
Ohnmächtige Schauer körnigen Eises
In Streifen über die grünende Flur;
Aber die Sonne duldet kein Weißes,
Überall regt sich Bildung und Streben,
Alles will sie mit Farben beleben;
Doch an Blumen fehlt's im Revier,
Sie nimmt geputzte Menschen dafür.
Kehre dich um, von diesen Höhen
Nach der Stadt zurückzusehen.
Aus dem hohlen, finstern Tor
Dringt ein buntes Gewimmel hervor.
Jeder sonnt sich heute so gern.
Sie feiern die Auferstehung des Herrn,
Denn sie sind selber auferstanden,
Aus niedriger Häuser dumpfen Gemächern,
Aus Handwerks- und Gewerbesbanden,
Aus dem Druck von Giebeln und Dächern,
Aus der Straßen quetschender Enge,
Aus der Kirchen ehrwürdiger Nacht
Sind sie alle ans Licht gebracht.
Sieh nur, sieh, wie behänd sich die Menge
Durch die Gärten und Felder zerschlägt,

Wie der Fluss in Breit' und Länge
So manchen lustigen Nachen bewegt,
Und, bis zum Sinken überladen,
Entfernt sich dieser letzte Kahn.
Selbst von des Berges fernen Pfaden
Blinken uns farbige Kleider an.
Ich höre schon des Dorfs Getümmel,
Hier ist des Volkes wahrer Himmel,
Zufrieden jauchzet Groß und Klein:
Hier bin ich Mensch, hier darf ich's sein!

Johann Wolfgang von Goethe

131

# Als ich nach Emmaus zog

Am Ostermontag, wenn der Gottesdienst vorüber ist und im Waldlande die Leute beim Mittagmahl sitzen, kommt es vor, dass einer sagt: „Heut ist Ostermontag, heut sollen wir nach Emmaus gehen." Und fast allemal entgegnet ein anderer: „Nach Eb'naus (eben aus) gehen, das ist bei uns im Gebirg eine Kunst." Aber der strenge Hausvater verweist: „Gescheiterweis reden! Heilige Sach ist kein Spaß!"

Am Vormittag haben sie es bei der Predigt gehört, dass nach dem Tode Jesu die Jünger gar vereinsamt und betrübt umhergegangen seien, immer nur an den Herrn und Meister denkend, der ein paar Tage früher gekreuzigt und begraben worden war. Und als sie die Straße entlanggingen, die nach Emmaus führte, da begegnete ihnen der Gekreuzigte leibhaft und grüßte sie: „Der Friede sei mit euch!", also dass sie wussten, er ist von den Toten auferstanden. Dessen gedenkt man im Waldlande frommen Sinnes, und sei es nun auf der Bergstraße oder im Tal draußen, irgendwo steht noch ein Wirtshaus, und das ist das Emmaus, nach welchem man an diesem Tage pilgert. – Jenem, der still beschaulich zwischen den grünenden Saaten dahinschreitet unter dem Gesang der Vögel, die auf den treibenden Zweigen sich schaukeln, und der in den milden Sonnenäther des Himmels aufschaut, Sehnsucht im Herzen, dem begegnet der Auferstandene mit dem Gruße: „Der Friede sei mit dir!" Jenen, die nach ernsten Berufsarbeiten zur feiertägigen Erholung in heiterer Geselligkeit dem Wirtshaus zuwandeln, sei es Freund mit Freund, sei es Bursche mit Mädchen in ehrsamer Neigung, sei es der Geigenspieler und der Pfeifenbläser zur hellen Osterfreudigkeit, denen begegnet der Herr und grüßt sie: „Der Friede sei mit euch!" Dem aber, der mit frömmelnder Miene, Schlimmes sinnend, nach „Emmaus" schleicht, dem begegnet der Heiland nicht – doch möglicherweise etwas anderes.

In jener Knabenzeit war's, da wollte mein Vater einmal in der Fasten einen eingewanderten vazierenden Tagwerker aufnehmen; es gab zu solcher Zeit eigentlich nicht mehr Arbeit in der Wirtschaft, als wir mit unserem Gesinde selbst verrichten konnten, doch mein Vater meinte: „Arbeitet er schon nicht viel, so soll er uns wenigstens fasten helfen. Wo will er denn sonst hingehen, jetzt? Hat auch schon einen grauen Bart."

„Ist selber schuld", antwortete die Mutter, „warum balbiert er sich nicht. Der Tritzel gefällt mir nicht, sie sagen ja, er wäre schon einmal eingesperrt gewesen."

„Musst nicht alles glauben, was sie sagen. Die Leut tun alleweil gern andere noch schlechter machen, als sie selber sind."

„Und der Tritzel gefällt mir nicht", wiederholte die Mutter, „er hat einen krummen Blick."

„Einen krummen Blick hat er, weil er schielt", sagte der Vater, „und fürs Schielen kann der Mensch nicht." „Da hast freilich wieder recht", darauf die Mutter, „und wenn er jetzt im Märzen keinen anderen Platz findet und er auf der freien Weid müsst liegen, da mögen wir ihn doch lieber nehmen." Also war es verabredet worden. Aber bei der Aufnahme konnte mein Vater nicht unterlassen, den Tagwerker zu fragen: „Bist du nicht einmal in der Keichen (Gemeindekotter) gesessen?"

„Ja, das ist gewiss", antwortete der Tritzel.

„Was hast denn angestellt?"

„Schon etwas der Müh wert, das magst dir denken, Waldbauer. Mir ist nicht zu trauen, mir!"

„Darf man's wissen?"

„Warum denn nicht! Im Arzbachgraben bin ich ein armer Kleinhäusler gewesen."

„Deswegen werden sie dich doch nicht gestraft haben!", rief mein Vater.

„Armut ist halt ein Verbrechen", versetzte der Tritzel sehr tiefsinnig. „Und weil ich meine Steuer nicht hab zahlen können, so sind die Pfändersleut gekommen und haben mir meine Kuh wegtreiben wollen. ‚Die lass ich nicht!', schrei ich und hau dem Pfändersmann eine ins Gesicht. Alsdann haben sie anstatt der Kuh mich fortgetrieben und eingesperrt."

„Dem Pfänder hast eine gegeben?", lachte mein Vater auf. „Na, bleib halt da, Tritzel."

Der Alte zog – aber so, dass es mein Vater nicht merkte – das runzelige Gesicht schief, blinzelte mit den fahlen Wimpern und murmelte in seinen Bart: „Ein Gusto, wie sich der anplauschen lasst! – Ja, freilich bleib ich."

Und abgemacht war's.

Tat dann der alte Tagwerker Tritzel zuerst ein bissel Schnee schaufeln bei uns um den Hof herum, dann ein bissel Streu hacken, hernach ein bissel Dung führen mit der Scheibtruhe in den Garten hinaus. Dabei tat er mit uns fleißig die vierzehntägige Fasten halten und ein sittsames Leben führen. Als die Ostern nahten, gab mein Vater zu verstehen, dass der Tritzel nun im Frühjahr wohl auch anderweitig einen Platz finden würde, und jetzt war es meine Mutter, die sprach: „Weil er uns hat fasten helfen, der Tritzel, so kann er uns auch essen helfen; wer weiß, wo er sonst ein Weihfleisch und die Osterkrapfen finden kunnt."

Also blieb der alte, graubärtige Bursch über das Osterfest in unserem Haus, aß sich gewissenhaft satt und führte gern christliche Gespräche. So sagte er am Ostermontag beim

Mittagmahl: „Heut sollen wir nach Emmaus gehen. Gehst mit, Bübel?"

Die Frage war an mich gerichtet. „Ja, nach Emmaus ginge ich mit!"

„Versteht sich!", begehrte die Mutter auf. „Kinder ins Wirtshaus!"

„Waldbäuerin", versetzte der Tritzel ernsthaft, „vom Wirtshaus ist keine Red. Bei mir schaut das Christentum anders aus. Der Gang nach Emmaus ist ein heiliger Gang. Ein heiliger Gang, meine liebe Waldbäuerin! Wir gehen zu der Kreuzkapelle hinauf, dort werden wir den Heiland sicherer finden als im Wirtshaus – will ich meinen."

„'s selb wär eh wahr", gab mein Vater bei, und ich durfte mit dem Tritzel gehen.

Die Kreuzkapelle stand etwa eine Stunde von uns weiter oben im Gebirge auf einem Waldanger. Wenn der Wetterwind ging im Sommer und dort das Glöcklein geläutet wurde, konnte man bei uns im Hof den Klang hören. In der Fastenzeit war die Kapelle ein beliebter Wallfahrtsort, kamen an jedem Freitag aus nah und fern Andächtige herbei, zündeten vor dem lebensgroßen Kreuzbild, das in der Kapelle über dem Altare stand, Lichter an, beteten, legten bescheidene Opfergaben hin und gingen erleichterten Herzens wieder nach Hause. Da in der Nähe dieses Andachtsortes keine Menschenwohnung

war, so ging täglich von den Waldbauernhäusern ein altes Weiblein hinauf, um die Kapelle zu öffnen, zu schließen und das Glöcklein zu läuten.

Das war also unser Emmaus, zu welchem der alte Tagwerker Tritzel und ich auszogen – ein heiliger Gang, wie der Alte unterwegs wiederholt versicherte.

Der Weg ging über Wiesen, durch Wäldchen hinan, war stellenweise noch mit schmutzigen Schneekrusten belegt, stellenweise rann die Gieß, und stellenweise ging es über aperen Rasen. Bei jeder Wegbiegung blickte ich scharf aus, ob uns nicht der liebe Heiland entgegenkäme. Endlich sah ich von ferne aus dem Schachen hervortretend die Gestalt; sie schwankte langsam heran, kam immer näher, und als sie ganz nahe war, da war es nicht der liebe Heiland, sondern das alte Weiblein, welches mit dem Schlüssel von der Kapelle kam.

„Jetzt wird doch einmal schön Wetter werden“, redete sie der Tritzel an.

„Ja, Zeit wär's“, sagte die Alte und trippelte fürbass. Als wir sie nicht mehr sahen, sagte der Tritzel: „Das ist sauber, jetzt hat uns die gewiss die Kapellen zugesperrt!“

„Ich lauf ihr nach, dass sie wieder zurückgeht“, war mein Vorschlag.

„Ah geh, hast denn du kein Herz für alte Leut?“, verwies er mir. „Den Weg etliche Mal hin und wider machen, wie ein Hundel! Die geht nicht mehr auf ihren ersten Füßen wie du! Wir werden uns schon helfen.“

Bei einer Wegzweigung fragte mich der Tritzel: „Geht's da links nicht hinauf zum Schützenhof?“

„Ja, da geht's zum Schützenhof.“

„Ist's wahr, dass er so viel Sachen haben soll, der alte Schützenhofer?“

„Ja, sie sagen, dass er reich ist", war die Antwort. „Nachher kommt der Schützenhofer in die Höll. Die Reichen müssen alle hinab", sagte der Tritzel. „Aus Nächstenlieb sollte man machen, dass sie in den Himmel kommen."

„Ist eh wahr", gab ich bei.

Endlich kamen wir auf den Waldanger. Da lag der Schatten, nur die Baumwipfel standen im Sonnenschein. Auf dem Anger gab es noch Schnee, auch auf dem Dach der Kapelle lag er und ließ am Rande tropfende Eiszäpfchen herabhängen. Als wir dem Eingang nahe kamen, zog der alte Tritzel den Hut vom Haupt und glättete mit der anderen Hand sein graues Haar. Dann drückte er an der Türklinke. Da gab nichts nach, und er blickte mich betroffen an.

„Ja, weil sie zugesperrt hat", sagte ich.

„Freilich hat sie zugesperrt, du Narr, sonst wär es offen!", schnarrte er mich an. Das war mir zuwider. Folgerichtig war mein Wort und seines ebenfalls, aber warum denn so anschnarren!

Er ging rings um die Kapelle, als suche er einen zweiten Eingang. „Schau, du!", rief er plötzlich. „Da ist ein Fenster. Der Laden geht auf, so! Er ist zwar nicht groß, aber eine Spindel wie du kann hinein!"

„Eine Spindel wie ich", war mein Aufbegehren, „nein, da schlief ich nicht hinein!"

„Ei freilich schliefst hinein, Buberl. Nachher schiebst von innen an der Tür den Riegel weg und lasst mich ein; wir knien uns hin vor das Kreuz und beten eins miteinand."

Vor das Kreuz hinknien und beten, das war freilich verlockend, denn ich hatte den gekreuzigten Jesus sehr lieb und wollte ihm mit dem Gebet eine Freude machen. Ich ließ es also geschehen, als der Tritzel mich emporhob, ins Fenster steckte und tapfer nachschob, weil es doch ein bisschen eng herging an diesem Himmelspförtlein. Ein Ruck, und ich kollerte drinnen hinab. Auf einen Schrei, den ich ausgestoßen, fragte er: „Hast du dir wehgetan?"

„Weiß nicht, es ist ganz finster", war die Antwort, denn ich konnte es nicht sehen, ob das Nasse an den Nüstern Blut war oder etwas anderes. Hernach machte ich mich an die Tür.

„Schieb den Riegel zurück!", rief draußen der Tritzel.

„Es ist kein Riegel", berichtete ich nach längerem Umhertasten.

„Lalli! Wird doch ein Riegel sein. Jedes Schloß hat einen Riegel."

„Aber das ist ein eisernes Schloß, und man kann nicht dazu."

„Ein eisernes? – Du verdammt, hätt ich bald gesagt, christlich Weih ausgenommen." Also er draußen. Und fuhr fort: „Wart, Buberl, greif ans Fenster. Da hast eine Zündholzschachtel. Damit zündst die Kerzen an, die auf dem Altar stehen. – Raspel nur, raspel! Aber du raspelst ja auf der verkehrten Seiten, wo das Weibsbild pickt! Auf der rauen musst raspeln! So! Brennt's schon? Richtig, brennt schon, bist ein Buberl, ein braves. Kannst noch Messner werden, du, oder gar Pfarrer und Bischof, und noch ein bissel später Papst. Ei, das wohl – du, Buberl, weil du schon drinnen bist, geh schau, siehst auf dem Altar kein zinnernes Schüsserl nicht stehen?"

„Ja", antwortete ich, „und sind mächtig viel Kreuzer und Groschen drin."

„Hat's die Alte akkurat wieder stehen lassen!", sagte der Tritzel draußen in grollendem Ton. „Wenn man halt nicht überall nachschaut! Auf die alten Weiber ist hell kein Verlass. Für was geht sie denn Brot sammeln bei den Bauern wegen Kapellendienst, wenn sie doch aufs Geld nicht schaut! Schandbare Leichtsinnigkeit! Mach, Bub, gib's heraus! Das Schüsserl sollst mir herausgeben, das zinnerne Geldschüsserl!"

Jetzt, das kam mir nicht ganz richtig vor.

„Kirchen ausrauben?", sagte ich endlich.

„So ist's! Kirchen ausrauben kunnten sie, die Schelm, wenn man das Geld tät stehen lassen da in der Kapellen!", sprach der Tritzel. „Kirchengut muss man wahren. Geh, Buberl, gib's heraus, schau, ich g'lang schon." Reckte den Arm zum Fensterchen herein und krabbelte mit den langen, hageren Fingern in der Luft umher.

„O nein", war mein Bescheid, „Kirchen ausrauben – das tu ich nicht."

„Kindisch, wer redet denn von so was! Bei dem heiligen Gang so dumm reden! Dich wird unser Herrgott noch einmal recht strafen! Dem Herrn Pfarrer tragen wir das Geld hinab. Der Herr Pfarrer hat mich gebeten, dass ich ihm von der Kreuzkapelle das Geld möcht holen."

„So hol's, Tritzel!"

„Wenn ich aber nicht hineinkann. Und du bist schon drinnen. Willst in den Himmel kommen?"

„Ja freilich."

„So gib mir das Geld heraus!"

Ein kleines Weilchen überlegte ich, da war's, als flüsterte irgendwo jemand: „Tu's nicht! Tu's nicht!" Und laut mein Schrei: „Nein, ich tu's nicht!"

„Waldbauernbübel, mach keine Geschichten!", schmeichelte er draußen. „Dem Herrn Pfarrer muss man das Wort halten. Kannst ihn auch einmal zu brauchen haben. Steig nur auf die Betbank und gib's heraus. Verstreu nichts, jeder blutige Kreuzer ist heilig! Na, mach, Bürschel, mach! Kriegst nachher was von mir."

Es half ihm aber nichts. Und als er das endlich einsah, ging er fluchend von dannen. Der Boden knarrte, da er über den Schnee hinschritt gegen den Wald.

Ich war in eine trotzige Stimmung gekommen, ohne eigentlich recht zu wissen, warum. Als es jetzt aber ganz stille war in der dämmerigen Kapelle und die zwei von mir angezündeten Kerzen wie Totenlichter brannten vor dem Kreuzbild, da begann mir unheimlich zu werden. Das Blut sah ich an den Händen und Füßen des Gekreuzigten, und als ich so hinaufstarrte zum blassen, dornengekrönten Antlitz mit dem gebrochenen Auge, da war's, als bewegte sich ein wenig das Haupt. Nur ein einzig Mal – und dann war's wieder wie früher.

Mein Versuch, vermittels eines Betpultes zum Fenster wieder hinauszukriechen, misslang; so fasste ich den vom

Türmchen niederhängenden Glockenstrick und hub an zu ziehen, aber nicht gleichmäßig, sondern mit heftigen Zügen und in Absätzen, wie man die Feuerglocke läutet. Als die Erschöpfung kam, setzte ich mich an die Altarstufen und wartete auf einen Retter. Es erschien weder der Tritzel noch jemand anderer. Schreien und Schluchzen, neues Zerren am Strick. Vor Weinen und Läuten endlich ganz matt geworden, musste mich der Schlaf übermannt haben. Als ich wieder zu mir kam, flackerte vor dem starren Kreuz nur noch eine Kerze in den letzten Zügen, die andere war niedergebrannt und ausgeloschen. Zum Fenster schaute die Nacht herein. Neu erwachende Angst gab mir zugleich neuen Mut; ich kletterte wieder auf die Betbank, zwängte mich durch das Fenster, diesmal zuerst den Kopf und den rechten Arm hinaus, und jetzt ging es. Ich fiel in den Schnee, blieb aber nicht lange in demselben liegen, sondern lief wegshin. Der Boden war gefroren, der Himmel sternenbesät. Was ich bei all diesen Unternehmungen gedacht habe, weiß ich nicht – sehr viel kaum; wenn der Mensch so viel tut, hat er nicht Zeit zum Denken. Nun aber, als ich über die Felder hinablief und von Weitem ein zuckendes Lichtlein sah, das immer näher kam, dachte ich: Am Ende kommt mir jetzt der liebe Heiland entgegen. – Und er war's. Voran schritt ein Knecht vom Schützenhof mit Laterne und Glöcklein, hinter ihm drein der Pfarrer in Chorrock und Stola, an seinem Busen das Sakrament bergend. Alsogleich kniete ich am Wegrand nieder, wie es Sitte ist, und bat um den Segen.

Der Pfarrer blieb stehen und sagte: „Das ist ja der Waldbauernbub. Warum bist du noch aus so spät in der Nacht?"

Hab ich denn erzählt, dass der Tagwerker Tritzel mich in die Kreuzkapelle gesteckt hat, um ihm das Opfergeld herauszulangen, und weil ich es nicht hab wollen, er mich im Stich gelassen hätte.

„Oh, dieser Spitzbub!", rief der Knecht vom Schützenhof aus. „Aber heut ist sein Krügel 'brochen. Hat den Ostermontag, wo die Leut im Wirtshaus sitzen, nicht unbenutzt lassen wollen. Von der Kreuzkapellen in den Schützenhof, dort beim Bodenfenster einsteigen, Kästen ausrauben, vom Bauern erwischt und niedergeschlagen werden. – Ja, mein lieber Waldbauernbub, das sind Geschichten! Und jetzt ist der Tritzel just beim

Sterben. Um den Geistlichen geht's ihm, ich glaub, diesmal ist's sein Ernst. Und so bin ich halt gelaufen bei der Nacht. Jetzt rucken wir wieder an, er wird hart warten."

Der Pfarrer gab mir den Segen, dann schritten sie weiter. Noch lange sah ich das Lichtlein dahingleiten, bis es endlich zuckend zwischen dem Gestämme des Waldes verschwunden war.

Peter Rosegger

Am ersten Sonntag nach Ostern

Jesus geht durch verschlossene Türen, und spricht:
„Der Friede sei mit euch!" (Joh 20,19-31)

Und hast du deinen Frieden denn gegeben
An alle, die sich sehnen um dein Heil,
So will ich meine Stimme auch erheben:
Hier bin ich, Vater, gib auch mir mein Teil!
Warum sollt ich, ein ausgeschlossnes Kind,
Allein verschmachtend um mein Erbe weinen?
Warum nicht sollte deine Sonne scheinen,
Wo doch im Boden gute Keime sind?

Oft mein ich zwar, zum Beten sei genommen
Mir alles Recht, da es so trüb und lau,
Mir könne nur geduldig Harren frommen,
Und starrer Aufblick zu des Himmels Blau:
Doch Herr, der du dem Zöllner dich gesellt,
O lass nicht zu, dass ich in Nacht verschwimme,
Dem irren Lamme ruft ja deine Stimme,
Und um den Sünder kamst du in die Welt.

Wohl weiß ich, wie es steht in meiner Seelen,
Wie glaubensarm, wie trotzig und verwirrt;
Ach, dass sich, dass sich manches mochte hehlen –
Ich fühle, wie es durch die Nerven schwirrt,
Und kraftlos folg ich seiner trüben Spur.
Mein Helfer, was ich nimmer mag ergründen,
Du kennst es wohl, du weißt es wohl zu finden,
Du bist der Arzt, ich bin der Kranke nur.

Und hast du tief geschaut in meine Sünden,
Wie nicht ein Menschenauge schauen kann;
Hast du gesehn, wie in den tiefsten Gründen
Noch schlummert mancher wüste, dunkle Wahn:
Doch weiß ich auch, dass keine Trän entschleicht,
Die deine treue Hand nicht hat gewogen,
Und dass kein Seufzer dieser Brust entflogen,
Der dein barmherzig Ohr nicht hat erreicht.

Du, der verschlossne Türen kann durchdringen,
Sieh, meine Brust ist ein verschlossnes Tor.
Zu matt bin ich, die Riegel zu bezwingen,
Doch siehst du, wie ich angstvoll steh davor:
Brich ein! Brich ein! O komm mit deiner Macht!
Lass brausen deines Sturmes Gnadenwogen!
O lass mich schauen deinen Friedensbogen,
Lass fallen deinen Strahl in meine Nacht!

Nicht weich ich, eh ich einen Schein gesehen,
Und wär er schwach wie Wurmes Flimmer auch;
Und nicht von dieser Schwelle will ich gehen,
Bis ich vernommen deiner Stimme Hauch.
So sprich, mein Vater, sprich denn auch zu mir
Mit jener Stimme, die Maria nannte,
Als sie verkennend, weinend ab sich wandte,
O sprich: „Mein Kind, der Friede sei mit dir!"

Annette von Droste-Hülshoff

In Kleid und Anzug – der Weiße Sonntag

Weil die Täuflinge an diesem Tag früher zum letzten Mal ihr weißes Kleid trugen, trägt der erste Sonntag nach Ostern die Bezeichnung Weißer Sonntag. Seine Bedeutung als Tag der feierlichen Erstkommunion hat dieser Sonntag erst nach dem Konzil von Trient (1545–1563) gewonnen. Vor allem die Jesuiten nahmen sich nach dem Tridentinum der Erstkommunion an. Und weil das Fest der Kinder nicht durch die Pflichtkommunion der Eltern zu Ostern beeinträchtigt werden sollte, wählte man den Sonntag nach Ostern zum Festtermin und nannte ihn Weißer Sonntag. 1661 geschah dies zum ersten Mal in München. Der Weiße Sonntag als Tag der feierlichen Erstkommunion wurde in der Mitte des 19. Jahrhunderts festgeschrieben. Die Mädchen nahmen als Kommunionkinder formal die Tradition der Täuflinge als Bräute Christi oder Engel auf. Als Bräutigam wurden die männlichen Kommunionkinder gekleidet. In der Gegenwart besteht in manchen Fällen die Gefahr, dass die Festgestaltung wichtiger wird als der Festanlass.

Manfred Becker-Huberti

Osterhas & Co

Osterei und Osterhas

Osterhas, Osterhas,
leg uns recht viel Eier ins Gras,
trag sie in die Hecken,
tu sie gut verstecken;

leg uns lauter rechte,
leg uns keine schlechte,
lauter bunte unten und oben,
dann wollen wir dich bis Pfingsten loben.

Victor Blüthgen

 Aprilschnee

Aprilschnee fiel. Ich ging verstimmt und griesgrämig umher, obwohl es nicht in meiner Macht stand, mir ein günstigeres Wetter zum Salatpflanzen zu machen.

Das Hellgrün der Fliederknospen schimmerte durch die weiße Lasur, und die sprießenden Lilien zerschnitten mit ihren Schwertblättern kühn die Schneedecke. Im Grasgarten zerscharrten die bauchigen Shetlandstuten den Schleier des Scheinwinters nach vitaminprallen Junghälmchen für ihre künftigen Fohlen. Stare und Amseln suchten sich ihr Frühstück auf schneefreien Stellen unter Schirmfichten und Föhren, und meine Söhne rollten den klebrigen Spätschnee lachend zu großen Kugeln. Aus den Kugeln formten sie einen Mann, der mit hängenden Mundwinkeln und Schlitzaugen aus Kohlestückchen in die Welt blickte.

Da lachte auch ich, und nicht nur über den Schneemann; denn fast hätte ich mich um die Poesie eines ungewöhnlichen Tages gebracht.

Erwin Strittmatter

... der macht, was er will – der Aprilscherz

Erklärungsversuche zum Ursprung und Sinn des Aprilscherzes gibt es viele. Nicht unwahrscheinlich klingt die Erklärung, die im Aprilscherz Reste eines Frühlingsbrauches, wie die Fastnacht, erkennt. Der Aprilnarr, der sich überall hinschicken lässt, steht für den machtlos gewordenen Winter, mit dem der seine Herrschaft antretende Sommer tun kann, was er möchte.

Auch wenn das erste „In-den-April-Schicken" in Bayern für 1618 und im restlichen Deutschland für 1631 belegt ist, wird vielfach nicht ohne Grund vermutet, der Brauch sei sehr viel älter. Er lässt sich nämlich im gesamten indogermanischen Siedlungsraum nachweisen. Das Wort „Aprilscherz" scheint allerdings erst im 19. Jahrhundert aufgekommen zu sein. Im Mittelpunkt des Brauchs steht der „Aprilnarr", wobei nicht endgültig geklärt ist, wer er ist, denn zum „In-den-April-Schicken" gehören zwei: einer, der sich schicken lässt, und einer, der schickt. Gewöhnlich wird der, der sich schicken lässt, als Aprilnarr bezeichnet. Er lässt sich dadurch zum Narren machen, dass er einen Aprilscherz als solchen nicht erkennt. Wenn dies aber unbekannt bliebe, hätte es keinen Effekt. Darum gehört das Aufdecken des Aprilscherzes notwendig dazu. „April, April" lautet die Grundformel, mit der der Öffentlichkeit die Narretei angezeigt wird. Heute schicken sich eher Kinder untereinander in den April – falls sie es überhaupt noch tun. Erwachsene schicken sich in den April, wenn sie sich kennen und necken. Das Medienzeitalter bringt es mit sich, dass der Aprilscherz vermehrt Gegenstand der Medien wird.

Manfred Becker-Huberti

 April! April!

April! April!
Der weiß nicht, was er will.
Bald lacht der Himmel blau und rein,
bald schaun die Wolken düster drein,
bald Regen und bald Sonnenschein.
Was sind mir das für Sachen,
mit Weinen und mit Lachen
ein solch Gesaus zu machen!
April! April!
Der weiß nicht, was er will.

Heinrich Seidel

Altbayerische Osterspiele

Einen oder auch zwei Sonntage vor dem Palmsonntag geschieht's schon allemal, dass der eine oder andere Bursch auf dem Platz vor der Kirche was über und über schön rot, hellblau oder lichtgelb Gefärbtes aus der heilig behüteten Rocktasche zieht: „Willst einmal? – Aber das eine, das sag' ich dir: Mein Osterei ist stark, furchtbar stark! – Es ist von unsrer Perlhenn'!"

Und er probiert's noch einmal für sich auf die Stärke, das heißt, er hebt's an den Mund und lässt's mit der Spitze elektrisch schnell gegen das Email seiner Zähne klappern. Und solches Manöver vollführt er mit der rechten Hand, während er die linke, um besser hören zu können, muschelartig gegen das linke Ohr hält.

Und der nach Bauernmode breit liegende linke Aufschlag seines Rockes ist fortan – bis gen Pfingsten schier – überhaupt nur noch dazu da, die Farbe an der Spitze des gefärbten Eis an sich abwischen zu lassen, grad so lange, bis die natürliche Farbe der Eierschale wieder zum Vorschein kommt, denn die künstliche Farbe an der Spitze ist nach allgemeiner Anschauung etwas, das beim „Probieren" sehr täuscht und die letzte feinste Nuance der „Stärke" unterschlägt.

Und vor lauter Probieren sind die Lippen bald in allen Farben geschminkt – und der linke Rockaufschlag ist bald ein Spiegel, so farbentoll, als gäbe er getreu die heutige Futterwiese hinterm Bauernhof um Ende Mai und Anfang Juni wieder.

Das Spiel aber ist dieses: Ein jeder behauptet natürlich sehr herausfordernd, dass die Spitze seines Eies die allerstärkste sei, wobei der Pedigree (Stammbaum) der Henne eine ebenso wichtige Rolle spielt wie nur der eines Derbyfavoriten ... und dann geht's an ein gegenseitiges Prüfen, wobei das Email der Zähne alleweil der Prüfstein und der linke Rockaufschlag immer wieder das bald arg strapazierte Abwischtuch ist ... und dann tritt unter fiebrigster Spannung aller Umstehenden der große Moment ein: Die beiden Spitzen werden aufeinander losgelassen grad wie die stolz gefiederten und heiß gespornten Väter dieser beiden unausgebrüteten Hennenkinder – und knicks: Die eine Spitze ist perdü. Ein „Hahnenkampf" noch in der Eierschale!

Und der die Spitze des feindlichen Eies eingeschlagen, dem verfällt damit das ganze gegnerische Ei. Und der Sieger vieler solcher österlicher Turniere kann sich aus seiner Beute mit Zuhilfenahme von etwas Brunnenkresse und Essig und Öl und Pfeffer und Salz entweder einen schmackhaften Ostersalat machen, oder er kann aus einem anderen Ostereierspiel ein sehr lukratives Geschäft machen – aus dem Spiel des „Eiereinwerfens".

Und das ist dieses Spiel:

Du ballst eine gelinde Faust und nimmst das Ei zwischen gekrümmten Zeigefinger und Daumen. Und dein Gegner hält mit seiner Linken diese deine das Ei darbietende Faust und schleudert aus seiner Rechten irgendeine Münze (ein Ein- oder Zweipfennigstück, ein „Fünferl" oder ein „Zehnerl", einen „Fünfziger" oder gar eine Mark) mit dem heißen, wilden, wütenden Wunsch gegen das Ei: Die Münze möchte daran nicht abprallen, sondern darinnen stecken bleiben. Und das erfordert vom Gegner eine gar große Geschicklichkeit und aber von dir selber eine noch weit, weit größere, schier helden- oder märtyrerhafte Unempfindlichkeit, was die sonst so empfindlichen Knöchel all an deinem Daumen und Zeigefinger anbelangt.

Denn: Ist dein Gegner geschickt und bleibt seine erste Münze gleich im Ei stecken, verbleiben dir zwar deine Knöchel unversehrt, aber dein Gegner gelangt dafür in den unanfechtbaren Besitz deines immerhin kostbaren Ostereies.

Im anderen Falle aber regnen dir die Münzen nur so in deinen Beutel (jedes fehlgehende Geldstück ist dein) – aber ach, wie viele trafen dich ausgerechnet da, wo du leider, leider wenig Fleisch und aber desto empfindlichere oben erwähnte Knöchel und Knöchelchen besitzest.

Und manchmal sogar kommt's vor, dass einer an dich herantritt und bei dir „'s Einwerfen probieren" möcht', der dir seit der vorletzten Kirmes schon nicht mehr grün ist und sich's nun einen Batzen kosten lassen will, das heißt, der immer wieder absichtlich fehl zielt und dem das bisschen Ei nichts ist und aber dem dafür deine unterschiedlichen Knöchel alles sind.

Das heißt's dann aushalten, absoluteste Unempfindlichkeit markieren, um ihm schon dadurch und hier vor aller Augen zu beweisen, dass man ein Kerl ist, und ihm gleichzeitig anzukündigen, dass man diesen Beweis allernächtens „unter vier Augen" vollends zu Ende zu führen gedenkt.

Nicht selten, dass gut bayerische „Händel" vorerst mal entweder „zur Probier", aber auch zur Abschreckung in dieser immer noch einigermaßen harmlosen Form ausgetragen werden.

Nicht selten aber auch, dass dieses unter besten Freunden ganz unschuldig angefangene Spiel ein paar Sonntage später mit einer grässlichen Messerstecherei endet. Bleibt noch ein drittes Spiel zu nennen, das Bauernburschen und -mägde gern zu Hause spielen „auf der Wies' heraußen vorm Hof" – im ersten Grünen und unter den ersten Feldblumen um die schöne, schöne Osterzeit.

Da läuft eins in die Stube und bringt einen Stuhl, und ein anderes läuft in die Tenne und kommt mit zwei Heugabeln wieder. Und dann wird von der Höhe der Stuhllehne bis hernieder in den Grasboden mittels der zwei langen Gabelstiele eine schiefe Ebene hergestellt, die zugleich eine artige Rinne ist, in der die Eier artig herabkugeln können. Und das ist dann ein „Hasch er mich"-Spiel unter Eiern. Und wessen Ei eines anderen Ei tief im ersten Grün und unter den lieben ersten Blümelein hascht, der ist Sieger.

War aber der Winter ein gar langer und dieserhalb die Freude schier eine mächtigere als sonst, wie's endlich dennoch auf die Ostern zuging, da stellt sich dann sehr leicht der Übermut ein und lacht verschmitzt: „Was stell' ich nur an? Himmelherrgott, ich möchte gar was Lustiges anstellen, was Schauriges, das mich ein wenig freut und die anderen ein bisschen ärgert!"

Und da ist wohl allemal ein steinalter Knecht zur Hand, der, wie er noch ganz jung war, ebenfalls was Lustiges anstellen wollte und dem damals – lang, lang ist's her! – gleichfalls ein steinalter Knecht zu Hilfe kam.

„Nun, pass einmal auf, Junge, was ich dir sag'! Eine Perlhenn' ist auch nur eine Henn' – und wenn ihr Ei auch stärker ist als wie das einer gewöhnlichen Henn' –, einen richtigen eisernen Nagel zum Beispiel kannst du in eine richtige steinerne Wand mit einem Perlhennei deswegen doch nicht einschlagen! Oder?"

„Nein."

„Nun aber ... wenn wir zwei ein künstliches Ei herstellen könnten, das fast so stark wär', dass du damit wirklich einen richtigen eisernen Nagel in eine richtige steinerne Wand ..."

„O Peter! Peter! Lieber Peter!"

„Also nun gehst du her und bläst ein Ei aus! Weißt du, wie man das macht? An der Spitze ein Loch mit der neuen Hutnadel von der Großmagd und am anderen Ende ein kleines drei- oder viereckiges Stückel von der Schale wegnehmen und aufheben, aber fein aufheben, weil du das Stückel nachher wieder nötig brauchst! Und wenn das Ei ausgeblasen ist, dann machst du Pech heiß und lässt es durch das drei- oder viereckige Löchel hinten ein. Und wenn das Pech eingelassen ist, klebst du hinten wieder zu mit dem Stückel, das du dir ja aufgehoben hast, und aber färbst das Ei nicht schön rot, nicht hellblau oder lichtgelb, sondern marmorierst es, damit man's weniger merkt. Und dann gehst du zu den andern und prahlst, dein Osterei wär' das stärkste, aber du lässt dich nicht lang auf Probieren ein, sondern du tust es nur ‚ung'schaut'! Und da pass auf, was du für einen schönen Ostersalat zusammenkriegst, Hansel!"

„Ja, Peter!", schrie Hansel und hupfte immer wieder in die Höh. „Aber um Gottes willen nicht aus der Hand geben, dein ‚Pechei', sonst merken's die anderen an der Schwere!"

Der ganze „Hof" war in Aufregung über den Hansel mit seinem marmorierten Ei. Drei Tage lang. Und dann kam der Schwindel heraus.

Aber da hätt's im ganzen Umkreis sowieso schon kein einzig

Blättchen Brunnenkresse mehr gegeben, so viel Ostersalat
hatte der Hansel schon gemacht und mit dem Peterle zusammen schnabuliert.
Geht hin und tut desgleichen!

Heinrich Lautensack

 # Der April

Der Regen klimpert mit einem Finger
die grüne Ostermelodie.
Das Jahr wird älter und täglich jünger.
O Widerspruch voll Harmonie!

Der Mond in seiner goldenen Jacke
versteckt sich hinter dem Wolkenstore.
Der Ärmste hat links eine dicke Backe
und kommt sich ein bisschen lächerlich vor.
Auch diesmal ist es dem März geglückt:
Er hat ihn in den April geschickt.

Und schon hoppeln Hasen,
mit Pinsel und Tuben
und schnuppernden Nasen,
aus Höhlen und Gruben
durch Gärten und Straßen
und über den Rasen
in Ställe und Stuben.

Dort legen sie Eier, als ob's gar nichts wäre,
aus Nougat, Krokant und Marzipan.
Der tapferste legt eine Bonbonniere.
Er blickt dabei entschlossen ins Leere.
Bonbonnieren sind leichter gesagt als getan.

Dann geht es ans Malen. Das dauert Stunden.
Dann werden noch seidene Schleifen gebunden.
Und Verstecke gesucht. Und Verstecke gefunden:
hinterm Ofen, unterm Sofa,
in der Wanduhr, auf dem Gang,
hinterm Schuppen, unterm Birnbaum,
in der Standuhr, auf dem Schrank.

Da kräht der Hahn den Morgen an!
Schwupp, sind die Hasen verschwunden.
Ein Giebelfenster erglänzt im Gemäuer.
Am Gartentor lehnt und gähnt ein Mann.
Über die Hänge läuft grünes Feuer
die Büsche entlang und die Pappeln hinan.
Der Frühling, denkt er, kommt also auch heuer.
Er spürt nicht Wunder noch Abenteuer,
weil er sich nicht mehr wundern kann.

Liegt dort nicht ein kleiner Pinsel im Grase?
Auch das kommt dem Manne nicht seltsam vor.
Er merkt gar nicht, dass ihn der Osterhase
auf dem Heimweg verlor.

Erich Kästner

Das Osterlachen

Im Mittelalter gehörte zur Osterfreude ganz selbstverständlich das „Ostergelächter" (risus paschalis) dazu. Der Prediger flocht in seine Festansprache Scherze und überraschende Witze ein, um die Gläubigen die österliche Freude am eigenen Leib aktiv erleben zu lassen. Nicht nur die Reformatoren, sondern auch die innerkirchlichen Kritiker hatten an den „liturgischen Einlagen" dieser volkhaften Art und den dann damit verbundenen klamaukhaften Auswüchsen wenig Freude. Im 16. und 17. Jahrhundert wurde das Ostermärlein verboten. Das Ostergelächter wurde immer seltener. Spätestens im 18. Jahrhundert war es untergegangen.

Manfred Becker-Huberti

 # Ei vor Ostern

Heute in einer Woche ist Ostern! Das ist an sich nichts Besonderes, denn das kam in den vergangenen Jahren auch schon mal vor, dass nach einer Woche Ostern war ... Auch in diesem Jahr wird man auf das Osterei ein besonderes Gewicht legen, was aber nur vorsichtig geschehen darf, da Eier überaus empfindlich sind und ein besonderes Gewicht nicht ertragen können. Auch ihr hoher Preis ist kaum zu ertragen, weshalb den Eiern, wenn sie vor Wut kochen, oft genug der Kragen beziehungsweise die Schale platzt.

Aus dem einzelligen Ei entsteht jegliches Leben. Alle werden aus einer Zelle geboren, manche sterben sogar in einer Zelle. Wie wichtig das Ei ist, kann man aus der Tatsache ersehen, dass es im Englischen als einzige Vokabel großgeschrieben wird – wie zum Beispiel in dem Satz: I love you, zu Deutsch: Das Ei liebst du. Lässt der Engländer das Ei fallen, so sagt er: I love you very much, zu Deutsch: Das Ei liebst du sehr matschig oder frei übersetzt: Du liebst Rührei.

Bei Rührei muss ich immer an die Märchen denken, seien sie von Grimm oder von jemand Andersen. Ei, wie gerührt ist man, wenn plötzlich eine Fee erscheint und dem braven Kinde sagt, es habe einen Wunsch frei ...

Ich habe nun den Wunsch, das nahende Osterfest mit einem kleinen Ostergedicht zu begrüßen:

Wer ahnte, dass zum Weihnachtsfest
die Adelheid mich sitzen lässt?
Das war noch nichts! Zu Ostern jetzt
hat sie mich abermals versetzt!
Nun freu ich mich auf Pfingsten
nicht im Geringsten!

Heinz Erhardt

# Ostermärchen

Am Abend vor Gründonnerstag lag der kleine Fritz mit wachen Augen im Bett und konnte nicht einschlafen. Beständig musste er an morgen denken, wo er mit seinen Geschwistern – wie alle Jahre – Ostereier suchen würde. Wie viele es wohl sein und wie sie wohl aussehen und wie groß sie sein würden? Während er noch darüber nachsann, hörte er plötzlich hinter sich ein feines Stimmchen seinen Namen rufen. Mehr erstaunt als erschreckt drehte er sich um und sah einen kleinen Hasen auf dem Stuhl am Kopfende seines Bettes sitzen. „Mein Name ist Kohlfraß", sagte das Häschen, „darf ich dich zu einem Spaziergang einladen?" Fritzchen verwunderte sich zwar ein bisschen über den Einfall, jetzt spazieren zu gehen, erklärte sich aber bereit und folgte, nachdem er sich angezogen, dem Häschen, das im schnellen Laufe durch Zimmer und Vorsaal die Treppe hinunter, zur Stadt hinaus, über Wiesen und Felder voraneilte. Schneller war Fritz noch nie gelaufen. Endlich hielt sein Führer vor einem hohen Felsen. „Dies ist der Osterhasenpalast", sagte Kohlfraß. „Hier werden die Eier verfertigt, die wir Hasen dann in den Gärten und Stuben für artige Kinder verstecken. Eigentlich dürfen Kinder hier nicht hinein. Da du aber besonders brav gewesen bist, so will ich dir heute einmal alles zeigen." Hierauf zog das Häschen aus einem seiner Ohren ein Schlüsselchen hervor, das es in eine Felsritze steckte. Sogleich öffnete sich eine Türe, und sie traten in einen finstern Gang. Plötzlich ward es hell, und nun standen sie vor einem ungeheuren offenen Tore, durch das man in einen großen, hellen Saal schaute, der wieder in drei kleinere Säle abgeteilt war. Vor dem Tore stand eine Hasenschildwache mit einem Gewehre, das sie sofort auf Fritzchen anlegte. Dieser flüchtete entsetzt hinter seinen Begleiter. Kohlfraß aber raunte der Schildwache nur ein Wörtchen zu, worauf diese sogleich das Gewehr senkte und ehrerbietig präsentierte. Die zwei traten nun in den ersten Saal. „Hier werden die Eier gelegt", erklärte Kohlfraß. Fritzchen sah mit Staunen: Da kauerten Tausende von Hasen und Häschen am Fußboden, der mit weichem Moos belegt war. Sie hielten sämtlich die Vorderpfoten in die Seiten gestemmt und stöhnten und keuchten ganz schrecklich – das Leben musste doch sehr anstrengend sein! –, während der Eierhaufen neben einem jeden immer größer und größer wurde. Es waren auch Zuckerhasen darunter, die legten natürlich Zuckereier. Fritzchen sah auch welche aus Marzipan, Schokolade, ja aus Glas – und sogar aus purem Golde! Ging einmal ein Ei entzwei, dann geschah etwas Schnurriges: Es schlüpfte nämlich sofort ein Häschen heraus, das gleich fleißig mitlegen half. Andere Hasen gingen umher, sammelten die Eier in Körbchen und trugen diese fort. Fritzchen wurde nun von seinem Begleiter in den zweiten Saal geführt. Hier saßen Tausende von Hasen auf Kohlblättern, große Farbtöpfe neben sich und Pinsel in den Pfoten. Fritzchen bemerkte, dass sie fast alle mit Farbenklecksen bespritzt waren. Sie trugen große

Brillen auf der Nase, ließen die Ohren hängen und taten sehr wichtig. „Die Maler", erklärte Kohlfraß. Fritzchen beobachtete mit Vergnügen, wie die langohrigen Künstler mit erstaunlicher Geschwindigkeit die Eier rot, gelb, blau und grün bepinselten, allerlei Figuren hineinkratzten und auf den Zucker- und Schokoladeneiern mittels kleiner Spritzen Herzen, Namenszüge und andere Formen aus Zuckerguss anbrachten. Die auf diese Weise fertiggestellten Eier wurden von anderen Hasen in den dritten Saal geschafft, wo sie, sorgfältig mit Moos umhüllt, in Körbe gepackt und von Hasendienstmännern fortgetragen wurden. Fritzchen war inzwischen von Kohlfraß in den dritten Saal vor den Osterhasenkönig gebracht worden. Dieser, ein Hase von riesenhafter Größe, saß in einer ungeheuren Eierschale, von einer Schar von Hasenhöflingen umgeben, die alle bei Fritzchens Eintreten aufsprangen und höflich Männchen machten – was bei den Hasen dasselbe wie bei unseren Soldaten das Salutieren ist. Seine Majestät hatte erstaunlich lange Ohren, die durch den ganzen Saal reichten und deren er sich ab und zu bediente, einem unfolgsamen Untertanen eine Ohrfeige zu verabreichen. Er redete übrigens Fritzchen sehr freundlich und leutselig an, riet ihm, immer so brav und gut zu bleiben wie bisher, und überreichte ihm schließlich ein Osterei. Hocherfreut seinen Dank stammelnd, wollte Fritzchen es entgegennehmen, erfasste es auch bereits, da – o weh! – entglitt es seiner Hand und zerschlug – klack! – auf dem Fußboden. Sogleich kamen eine Menge Hasen daraus hervor, sie fingen an zu legen und legten und legten – ein Ei nach dem andern in einem fort! Im Nu war der ganze Boden mit Eiern bedeckt. Die Hasen aber legten weiter und immer weiter. Jetzt reichte der Eierhaufen schon bis an Fritzchens Schultern. Und mit einem Mal ward es ihm schwarz vor den Augen, ihn überkam eine furchtbare Angst, er schrie laut auf und – erwachte. Er lag in seinem Bette: Alles war verschwunden, bis auf ein kleines Schokoladenei, das er in der Hand hielt. Darauf stand ein K und ein L: König Lampe.

Joachim Ringelnatz

Lämmer, Hasen und Eier – Ostern

Im Mittelalter wurden die in der Karwoche eingesammelten Eier durch Kochen haltbar gemacht. Dann bemalte oder beklebte man sie und machte sie so zu symbolischen Geschenken, eben zu Schenk- oder Ostereiern. Das Verschenken von Eiern durch Christen zu Ostern lässt sich für die ersten christlichen Jahrhunderte bereits in Armenien nachweisen. Der Urtyp des christlichen Ostereies, schon vor dem Schisma von 1054 in der Ost- und der Westkirche präsent, verweist mit dem kalten und hart gekochten Ei auf das Grab Christi und mit der roten Farbe auf das vergossene Blut des auferstandenen Christus. Die Christen sahen im Ei die Auferstehung Christi und die Auferstehungshoffnung der Menschen symbolisiert. Es steht für das neue Leben, das den Tod – die wie tot aussehende harte Eierschale – immer wieder durchbricht, so wie Jesus Christus Tod und Grab besiegte.

Im süddeutschen Raum werden zu Ostern die Brunnen gereinigt und festlich geschmückt mit Girlanden, oft mit ausgeblasenen bunten Eiern als Fruchtbarkeitssymbol versehen, und Birkengrün. In einigen Gegenden umkränzte man den Brunnenrand früher mit Moos und versteckte in Moosnestern Eier, aus denen ein großer Kuchen gebacken wurde.

Heutzutage ist der „Osterhase" geradezu das „Symboltier für Ostern" geworden. Der Osterhase, der Geschenke bringt, ist von evangelischen Christen erfunden worden. Bei den Katholiken kamen die Eier im Eierkörbchen gesegnet aus der Kirche. Weil Eier als „flüssiges Fleisch" galten, waren sie in der Fastenzeit, in der es kein Fleisch zu essen gab, bei Katholiken nicht auf dem Tisch. Protestanten hielten aber keine Fastenzeit. Bei ihnen stauten sich also auch keine Eier auf, weil sie in der Fastenzeit Eier essen durften. Weil die Katholiken nach dem Ende der Fastenzeit zu Ostern wieder Eier essen durften, ließen sie die Eier in der Kirche segnen und stellten sie so auf den österlichen Frühstückstisch. Evangelische Christen wollten aber nicht auf die schönen bunten Schenkeier verzichten. Sie versteckten darum Eier im Garten und ließen die Kinder danach suchen. Versteckt hatte sie bei ihnen ein Hase – der Osterhase. Bis in das 19. Jahrhundert waren der Osterhase und das Eierverstecken durch ihn typisch „evangelisch". Drei Phänomene haben die Ausbreitung des Osterhasen beflügelt: die Süßwarenindustrie, Kinderbücher und Postkarten. 1932 hatte der Hase die Konfessionsgrenzen überschritten. In Tirol spricht man daneben von der Ostereier legenden „Osterhenne". In Oberbayern, Österreich, Thüringen und Schleswig-Holstein war es der Hahn, in Hannover der Fuchs, an der holländischen Grenze der Ostervogel oder Kranich. In Thüringen heißt es, der Storch sei es gewesen. In manchen Gegenden der Schweiz bringt der Kuckuck die Ostereier. Bemerkenswert ist beim Osterhasen und seinem Ostereierverstecken, ein „Brauch ohne Glauben", dass die Geschenkfigur „Osterhase" genauso auftritt, wie es durch die Nikolauslegende der Geschenkfigur des heiligen Nikolaus vorgegeben war und von dort schon auf das „Christkind" und den säkularen „Weihnachtsmann" übertragen worden war: Heimlich und unerkannt wurde geschenkt. Auch bei den Ostereiern traf man nie den Osterhasen an, eventuell hatte man gerade noch etwas davonhuschen gesehen.

Ein weiteres (und viel wichtigeres) „Ostertier" ist das Osterlamm – ein altes Bild für Christus. Mit dem Begriff „Lamm" wird verdeutlicht, dass Christus ein Gott geweihtes Opfer ist, makellos, wie ein Opferlamm nach dem jüdischen Gesetz sein musste. Heute taucht das Osterlamm meistens als Festgebäck zu Ostern auf. Gebackene Osterlämmer gibt es seit dem Rokoko (1730–1780). Sie werden in besonderen Formen aus Biskuit- oder Rührteig hergestellt und dann mit Puderzucker bestäubt. Zwischen den Vorderläufen halten sie die Osterfahne – das Triumphsymbol der Auferstehung. Bei den katholischen Sorben in der Oberlausitz findet am Ostersonntag das traditionelle Osterreiten statt, bei dem etwa 1.500 Pferde und Reiter mitziehen. Festlich gekleidet mit Gehrock, Zylinder und Krawatte ziehen die Osterreiter auf aufwendig geschmückten Pferden durch Ortschaften und Felder, um die Botschaft von der Auferstehung Christi zu den Menschen zu tragen. Die Osterreiter singen Lieder von der Auferstehung, beten außerhalb der Ortschaften den Rosenkranz oder eine Litanei. In den Ortschaften umreiten die Osterreiter die Kirche und den Friedhof. Auf diesem verkünden sie die Auferstehung und beten für die Verstorbenen. Mitmachen dürfen traditionell nur Männer. In der protestantischen Niederlausitz verkünden Frauen die Osterbotschaft. Beim Ostersingen ziehen sie mit ihren Liedern durch die Dörfer.

Manfred Becker-Huberti

Süßes Osterlamm

ZUTATEN:

4 Eier, 120 g Zucker, 1 P. Vanillezucker,
abgeriebene Zitronenschale, 60 g
Mehl, 60 g Stärkemehl, 40 g sehr
weiche Butter, Puderzucker, 2
Gewürznelken

Die Backform gut fetten, mit Mehl
ausstreuen. Backofen auf 160 °C
vorheizen. Eier, Zucker, Vanillezucker
und die abgeriebene Schale einer
Zitrone cremig aufschlagen. Mehl und
Stärke darübersieben und mit der
Butter unterheben. Teig in die Backform füllen und 30 min backen.
Anschließend das Lamm vorsichtig
stürzen, mit Puderzucker bestreuen
und je eine Gewürznelke als Auge
einsetzen. Sie können das Osterlamm
auch mit einer Zuckerglasur bestreichen und diese mit Kokosraspeln
bestreuen.

# Osterhas

Sprang der Osterhas
Durch die grünende Welt;
Kinder und Verliebte
Suchten im sonnigen Feld.

Welch ein schönes Nest
Hat mein Liebchen entdeckt!
Unterm Veilchenbusch
Fein war es versteckt.

Viele schöne Eier
Lagen glänzend drin,
Und mein jubelndes Liebchen
Kauerte neben es hin.

„Eier rosenrot!
Eier himmelblau!
Keins von ihnen schwarz!
Keins von ihnen grau!"

Die rosenroten
Waren voller Küsse,
Die himmelblauen
Waren volle Lieder –
Und Dämmerung ward es,
Eh wir nach Haus kamen.

Wilhelm Raabe

Die Sache mit dem Osterhasen

Voriges Jahr hat Tobias noch ganz fest an den Osterhasen geglaubt. Voriges Jahr ging er auch noch in den Kindergarten. Aber seit er im letzten Jahr vor Weihnachten hinter das Geheimnis des Nikolaus gekommen ist, hat er auch mit dem Osterhasen so seine Schwierigkeiten und Zweifel.

„War das vielleicht auch nur so ein Heiliger oder ein Bischof?", fragt er am Samstag vor Ostern und schaut seinen Vater von der Seite an.

Sein Vater wiegt bedenklich den Kopf hin und her, lässt Tobias noch ein bisschen zappeln und blinzelt dann Mutti zu, die wieder hereingekommen ist und sich hinter Stefans Stuhl zu schaffen macht. Stefan merkt nichts. Er blickt gebannt seinen Vater an und hofft, dass er das Spiel mit dem Osterhasen noch weitertreibt. Schließlich gibt es nichts Schöneres, als den kleinen Bruder hereinzulegen. Und es scheint Stefan so, als würde Tobias wirklich noch an den Osterhasen glauben.

„Ja ...", sagt Papa gedehnt. „Ich weiß das nicht so genau. Vielleicht kann es einmal vorkommen, dass Osterhasen wirklich Ostereier legen."

Er lächelte Mutti verschmitzt an, als sie sich wieder neben ihn setzt. „Solche Wunder gibt es manchmal."

Dann schaut er zu Stefan hinüber. „Sogar unser Stefan könnte ein Osterei legen, wenn er nur wollte."

„Stefan?", fragt Tobias und merkt jetzt wirklich, dass sein Vater Unsinn redet.

„Warum nicht?", fragt seine Mutter. „Jetzt

reicht es mir!", ruft Stefan enttäuscht. „Wenn ihr ihn so faustdick anschwindelt, dann glaubt er nichts mehr!"

„Jedenfalls gibt es zu Ostern Ostereier", sagt Mutti jetzt. „Egal, ob sie der Osterhase gelegt hat oder nicht."

„Und das ist genauso wie bei unserem Stefan", fügt sein Vater hinzu. „Ob er sie nun gelegt hat oder nicht."

„Quatsch!", brüllt Stefan. Doch als er aufspringen will, hält sein Vater ihn ganz fest.

„Vorsicht, Stefan!", sagt er. „Wer weiß? Wer so viel von Ostereiern spricht, legt am Ende selbst welche!"

Stefan beginnt sich ein bisschen zu ärgern, weil Tobias jetzt laut loslacht. Er streift die Hand seines Vaters von seiner Schulter, steht auf, blickt auf seinen Stuhl und erstarrt. Dort, wo er bisher gesessen hat, liegt ein rotes Osterei.

Stefan kann es nicht fassen. Soll er sich jetzt ärgern, weil seine Eltern und Tobias laut loslachen? Er nimmt das Ei, klopft es auf der Tischplatte an und schält es. „Ich habe wenigstens schon ein Osterei", sagt er und beißt hinein. „Siehst du, genauso ist das mit den Osterhasen!", sagt er zu Tobias.

„Bitte, Mutti!", brüllt Tobias. „Lasst mich auch ein Osterei legen! Aber ein blaues!", ruft er schnell noch, als er sieht, dass seine Mutter aufsteht, um hinauszugehen. Dann legt er seinen Kopf auf die Tischplatte, schließt die Augen und wartet.

Rolf Krenzer

Vice Versa

Ein Hase sitzt auf einer Wiese,
Des Glaubens, niemand sähe diese.

Doch im Besitze eines Zeißes,
Betrachtet voll gehaltnen Fleißes

Vom vis-à-vis gelegnen Berg
Ein Mensch den kleinen Löffelzwerg.

Ihn aber blickt hinwiederum
Ein Gott von fern an, mild und stumm.

Christian Morgenstern

Der enthüllte Osterhase oder kleine Verstecklehre

Verstecken heißt: Spuren hinterlassen. Aber unsichtbare. Es ist die Kunst der leichten Hand. Rastelli konnte Sachen in der Luft verstecken. Je luftiger ein Versteck, desto geistreicher. Je freier es dem Blick nach allen Seiten preisgegeben, desto besser.

Also beileibe nichts in Schubladen, Schränke, unter die Betten oder ins Klavier stecken.

Fairness am Ostermorgen: Alles so zu verstecken, dass es entdeckt werden kann, ohne dass irgendein Gegenstand vom Fleck bewegt werden muss.

Es braucht darum nicht frei zu liegen: eine Falte in der Tischdecke, ein Bausch im Vorhang kann schon den Ort verraten, an dem man zu suchen hat.

Sie kennen Poes Geschichte vom „Entwendeten Brief"? Dann erinnern Sie sich sicher der Frage: „Haben Sie nicht bemerkt, dass alle Menschen, wenn sie einen Brief verstecken, ihn, wenn auch nicht gerade in ein ausgehöhltes Stuhlbein, so doch wenigstens in irgendeinem verborgenen Loch oder Winkel unterbringen?" Herr Dupin, Poes Detektiv, weiß das. Und darum findet er den Brief da, wo sein sehr gerissener Gegenspieler ihn aufbewahrt: nämlich im Kartenhalter an der Wand, vor aller Leute Augen.

Nicht in der „guten Stube" suchen lassen. Ostereier gehören ins Wohnzimmer, und je unaufgeräumter es ist, desto besser. Im achtzehnten Jahrhundert hat man gelehrte Abhandlungen über die seltsamsten Dinge geschrieben: über Findelkinder und Spukhäuser, über die Arten des Selbstmordes und die

Bauchrednerei. Ich könnte mir eine übers Eierverstecken aus-
denken, die es an Gelehrsamkeit mit den genannten aufnehmen könnte.

Sie würde zerfallen in drei Hauptstücke oder Kapitel. Darinnen würde der Leser bekannt gemacht mit den drei Urprinzi-
pien oder Anfangsgründen aller Verstecke-Kunst.

Ad eins: Das Prinzipium der Klammer. Das wäre die Anwei-
sung zur Ausnutzung von Fugen und Spalten. Der Unterricht
in der Kunst, Eier in der Schwebe zu halten zwischen Riegeln
und Klinken, zwischen Bild und Wand, zwischen Tür und An-
gel, in der Öffnung eines Schlüssels so gut wie zwischen den
Röhren einer Zentralheizung.

Ad zwei: Das Prinzipium der Füllung. In diesem Kapitel würde man lernen, Eier als Pfropfen auf den Flaschenhals, als
Lichter auf den Kerzenhalter, als Staubgefäß in einen Blumen-
kelch, als Birne in eine elektrische Lampe zu praktizieren.

Ad drei: Das Prinzipium der Höhe und Tiefe. Bekanntlich
fassen die Leute zuerst ins
Auge, was ihnen in Blick-
höhe gegenüber ist; dann
schauen sie nach oben, erst
ganz zuletzt kümmern sie
sich um das, was zu ihren
Füßen liegt. Kleine Eier kann
man auf Bildleisten balancie-
ren lassen, größere auf dem
Kronleuchter, wenn man
ihn noch nicht abgeschafft
hat. Aber was hat das alles
zu sagen im Vergleich mit
der Fülle von abgefeimten

Asylen, die wir fünf oder zehn Zentimeter überm Fußboden zur Verfügung haben. Da kommt in Gestalt von Tischfüßen, Sockeln, Teppichfransen, Papierkörben, Klavierpedalen das Gras, in das der echte Osterhase allein seine Eier legt, sozusagen in der Großstadtwohnung zu Ehren. Und da wir einmal bei der Großstadt sind, soll auch ein Trostwort für die noch dastehen, die zwischen spiegelglatten Wänden in stählernen Möbeln hausen und ihr Dasein, ganz ohne Rücksicht auf den Festkalender, rationalisiert haben. Die mögen sich ihr Grammophon oder ihre Schreibmaschine nur einmal aufmerksam angucken, dann werden sie sehen, dass sie auf kleinstem Raum an ihnen so viel Löcher und Verstecke haben, als bewohnten sie eine Siebenzimmerwohnung im Makartstil.

Und nun wäre es gut, diese gewitzte Liste den Kleinen nicht vor Ostermontag in die Hände fallen zu lassen.

Walter Benjamin

Die Sonne geht im Osten auf

Die Sonne geht im Osten auf,
der Osterhas' beginnt den Lauf.
Um seinen Korb voll Eier sitzen
drei Häslein, die die Ohren spitzen.
Der Osterhas' bringt just ein Ei –
da fliegt ein Schmetterling herbei.
Dahinter strahlt das blaue Meer
mit Sandstrand vorne und umher.
Der Osterhas' ist eben fertig –
das Kurtchen auch schon gegenwärtig!
Nesthäckchen findet, eins, zwei, drei,
ein rot, ein blau, ein lila Ei.
Ein Ei in jedem Blumenkelche!
Seht, seht, selbst hier, selbst dort sind welche!
Ermüdet leicht im Morgenschein
schlief Kurtchen auf der Wiese ein.
Die Glocken läuten bim, bam, baum,
und Kurtchen lächelt zart im Traum.

Christian Morgenstern

 # Hasendämmerung

Hans Mümmelmann, der alte Heidhase, lag in seinem Lager auf dem blanken Heidberg, ließ sich die Mittagssonne auf den billigen Balg scheinen und dachte nach über Leben und Tod. Sein Leben war Mühe und Angst gewesen. Aber dennoch fand er, dass sein Leben köstlich gewesen war. Auf grünen Feldern hatte sich seine Jugendzeit abgespielt; seine Jünglingsjahre hatte er im Walde verlebt; die Jahre seiner männlichen Reife verbrachte er in der Heide, nachdem ihn Feld und Wald Menschenhass gelehrt hatten, und nur, wenn sein Herz sich nach Zärtlichkeiten sehnte, verließ er die Öde.

Da lebte er, ein einsamer Weltweiser. Die Äsung war mager, aber es stand nicht, wie beim Klee im Felde und bei der üppigen Wiese im Walde, die Angst bleichwangig und schlotterbeinig immer neben ihm; in Ruhe und Frieden konnte er da leben, sorglos im feinen Flugsande des Heidhügels die rheumatischen Glieder baden und dem Gesang der Heidelerchen lauschen.

Mümmelmann fand heute aber doch, dass er etwas Abwechslung in seine Nahrung bringen müsse. Keine Philosophie der Welt tröstet den Magen, und keine Weltweisheit befestigt die Appetitlosigkeit. Beim Dorfe gab es jetzt schon junge Roggensaat. Auch brauner Kohl war da, ferner Apfelbaumrinde, etwas ganz Feines, und der Klee war schon hoch genug, an den Gräben wuchs allerlei winterhartes Kraut; Mümmelmann lief das Wasser hinter den gelben Zähnen zusammen.

Allerdings, so ohne Gefahr ging ein Diner beim Dorfe nicht ab. Fast immer stöberten Wasser oder Lord oder Widu oder Hektor oder ein anderer dieser scheußlichen Köter im Felde herum. Der Jagdaufseher hatte im Felde überall Tellereisen und Schwanenhälse liegen, und der Jagdpächter hielt sich immer in der Nähe des Dorfes mit seinem Schießknüppel auf. Er war ein bisschen sehr dick und hatte eine trockene Leber, sodass er sich nicht gern weit vom Kruge entfernte.

„Aber schließlich, was kann das schlechte Leben helfen?", dachte Mümmelmann. „Einen Tod sterben wir Hasen ja doch nur, und besser ist es, im Dampfe dem guten Schützen sein Kompliment zu machen, als vor Altersschwäche den Schnäbeln der Krähen zum Opfer zu fallen." Und so machte er sorgfältig Toilette und rückte erst langsam, dann schneller gen Knubbendorf, wo er bei tiefer Dämmerung ankam.

Es war eine gemütliche Nacht. Der Schnee war weich und trocken, die Luft windstill, die Kälte nicht zu stark und der Himmel bedeckt, sodass Jans und die anderen keine Angst zu haben brauchten vor dem alten Krischan, dem Armenhäusler und Besenbinder, der mit seinem verrosteten Vorderlader bei hellen Nächten hinter dem Misthaufen auf die Hasen lauerte. Es gab ein langes Begrüßen und Erzählen, und so kam es, dass Jans völlig die Zeit verpasste und erst lange nach dem ersten Hahnenschrei, als der Tag schon mit rot verschlafenem Gesicht über die Geest stieg, nach seiner Heide zurückhoppelte in Begleitung eines jungen, strammen Moorhasen, Ludjen Flinkfoot, seiner im letzten Herbst bei dem großen Kesseltreiben im Feuer gebliebenen Schwester Sohn. Den hatte er bewogen mitzukommen; er wollte ihn erziehen und als Erben einsetzen.

179

Als sie aber an den Heiderand kamen, da stutzten sie und machten Männchen, denn vor ihnen zappelten im Frühwinde lauter bunte Lappen. Voller Angst liefen sie zurück und scharrten sich, nachdem sie erst viele Haken geschlagen und Widergänge gemacht hatten, in einem mächtigen Brombeerbusch bei den Fischteichen ihr Lager.

Inzwischen war im Dorfe großes Leben. Dreißig Männer waren gekommen, bis an die Zähne bewaffnet, schrecklich anzusehen in ihrem Kriegsschmuck. Sie waren in den Krug gegangen, aßen und tranken, was es gab, machten sich mit Pfeifen und Zigarren und auch sonst blauen Dunst vor, prügelten ihre Hunde, die sich bissen, kniffen allen weiblichen Wesen unter fünfzig Jahren die Arme braun und blau, erzählten sich mehr oder minder starke, neu aufgewärmte alte Witze und zogen dann los, die reine Winterluft mit dem Rauch der Zigarren und die Morgenstille mit dem Geknarre ihrer Stimmen erfüllend und sich freuend über den klaren, windstillen, schönen Tag, der so recht geeignet sei für den Hasenmassenmord.

Dicht hinter dem Dorfe wurde der erste Kessel gemacht. Ein Waldhorn erklang, Schützen und Treiber setzten sich nach dem Zentrum in Bewegung, und das Kriegsgeschrei der rauen Kehlen dröhnte durch den Wintermorgen. Da wurden überall graue Flecke im weißen Schnee sichtbar, die sich zu Pfählen verlängerten, unschlüssig hin und her hoppelten, wie besessen dahinrasten, und dann knallte es hier, blitzte es da, rauchte es dort, und ein Hase nach dem anderen rückte zusammen, wurde kürzer, immer kürzer, blieb schließlich liegen, sprang noch einmal in die Höhe und lag dann ganz still. Andere schlugen im Dampf ein Rad, dass der Schnee stäubte, wieder andere liefen wie gesund weiter und fielen plötzlich um. Und immer enger wurde der Kessel, immer zerfurchter seine Schneedecke von den Spuren der Hasen und den eingeschlagenen Schroten, und hellrote Flecke und Streifen sowie die dunklen Patronenpfropfen unterbrachen seine Farblosigkeit.

Ein Leiterwagen nahm die toten Hasen auf, und es ging zum zweiten Kessel. Und als der abgetrieben war, kam der dritte an die Reihe, und dann ging es zum Jagdhause vor dem Moore, wo der Wirt mit seinen Töchtern Bohnensuppe auffüllte und Glühwein einschenkte und Grog. Da gab es ein großes Erzählen hin und her, sodass Herr Markwart, der Häher, und Frau Eitel, die Elster, entsetzt abstoben und es weit und breit herumbrachten, dass die Jäger wieder einmal da wären und schon hundertundsiebzig Hasen gemordet hätten.

Mümmelmann hörte aufmerksam zu, als Frau Eitel das Herrn Luthals, dem Würger, erzählte, und er dachte bei sich: „Wenn sie schon so viel haben, dann werden die Schinder wohl nicht mehr hierherkommen", und er flüsterte Ludjen Flinkfoot zu: „Bleib immer hübsch still liegen, mein Junge, mag kommen, was da kommen will; wer sich nicht zeigt, wird nicht gesehen, und wer nicht gesehen wird, den trifft kein Blei."

Es kam aber anders: Wieder klang das Horn. „Schwerenot noch einmal", knurrte Jans unter seinem bereiften Bart her, „noch ein Kessel? Die Sonne geht ja schon in ihr Lager. Und ich glaube, die Bande kommt auf uns zu." Ein furchtbares Gebrüll erhob sich von allen Seiten, der Boden dröhnte, Schüsse knallten. Ludjen wollte weg, aber der Alte rief: „Bliw liggen, du Döskopp"; denn wenn er erregt wurde, sprach er Platt, was er sich sonst als unfein abgewöhnt hatte, und dann setzte er hinzu: „Man kann nicht wissen, was passiert. Ich habe so eine Ahnung, als ob ich die Sonne nicht mehr aufgehen sehen soll. Und nun höre zu: Falle ich und du bleibst gesund, so rückst du in die Heide, bis du an den Heidberg kommst, wo die großmächtigen Steine aufeinanderliegen. Da bist du sicher, da kommt niemand hin als die dämlichen Schafe und höchstens einmal Reinke Rotvoss, der alte Schleicher; der erzählt ganz gut, aber halte ihn dir drei Schritte vom Leibe. Einem Fuchs darf man erst trauen, wenn er kalt und steif ist."

Näher kam das Getrampel, dichter folgten die Schüsse, hin und her flitzten die Hasen, kobolzten von den Dämmen auf das Eis der Teiche und blieben da liegen. Auf einmal schwoll das Gebrüll noch weiter an: „De Voss, de Voss!", riefen die Treiber und domm, domm, domm krachte es. Mümmelmann hörte es in den Brombeeren knistern, etwas Rotes sauste über ihn fort, dann etwas Schwarz-Weißes, und dicht vor ihm schlug sich ein großer Hund den Fuchs um den Kopf.

„Meinen Segen hat er", dachte der alte Hase bei aller Angst; doch im nächsten Augenblick fuhr er aus seinem Lager, denn ein zweiter Hund kam an und wollte ihn gerade fassen: „Da löppt noch een!", schrien die Treiber. Aber Jans war nicht umsonst bei seiner Mutter, der erfahrenen Gelke Mümmelmann, in die Lehre gegangen. Er schlug einen Haken über den anderen und hielt sich immer dicht vor dem Hunde, sodass kein Schütze zu schießen wagte. Auf einmal aber krachte ein Schuss, die Schrote schlugen pfeifend auf das Eis, der Hund jaulte auf, und wütende Stimmen erhoben sich.

„Junger Mann, Sie haben meinen Hund totgeschossen!",
brüllte ein dicker Herr.

„Ja, was kann ich dafür", rief der dünne Student, „ich habe
ihn nicht gesehen; was hat der Hund auch im Kessel herum-
zubiestern?"

Und der Dicke schrie wieder: „Er sollte den Fuchs apportie-
ren. Der Hund hat mich dreihundert Mark gekostet."

Und der Student rief: „Dreihundert Mark? Na, der Ihnen das
abgeknöpft hat, der wird schön gelacht haben. Ich habe den
Hund ja arbeiten sehen; hühnerrein war er, straßenrein auch,
und Hasen hetzte er famos. Und wenn er auch nicht ein-
getragen war, ein ausgetragenes Biest war er doch, und die
Rassenmerkmale hatte er innerlich wie die Ziegen den Speck.
Dreihundert Mark? Lächerlich, Sie meinen wohl Pfennige?"

So ging es weiter, und keiner achtete auf Mümmelmann. Der
machte, dass er fortkam, denn er hasste Zank und Streit.
Ihm tat nur Ludjen leid, um den Jungen hatte er Bange. Es
dämmerte schon, als er an den Heiderand kam, und gerade
dachte er, er wollte sich um die Lappen nicht kümmern, da
krachte es, und wie zwanzig Peitschenhiebe auf einmal fühlte
er es in Rücken und Keulen. Das war der
Jagdaufseher gewesen, der die Lappen
aufrollen wollte.

Jans fühlte, dass es mit ihm aus war.
Aber er kam doch noch vom Fleck
und tauchte in der Dämmerung unter. Ihm war sehr schwach zumute,
obgleich er gar keine Schmerzen hatte; nur das Laufen wurde ihm schwer
und das Atmen. Er kam noch bis zu
dem alten Steingrab auf dem Heid-

berg, und da wühlte er sich in den weichen Sand, lag ganz still und äugte nach dem hellen Sternenbilde, das über dem fernen Walde stand und ganz wie ein riesenhafter Hase aussah. Als der Mond über den Wald kam, da hoppelte auch Ludjen Flinkfoot heran. Er hatte, so schwer es ihm bei seiner Angst auch wurde, seines Oheims Ratschläge befolgt und war gesund davongekommen. Der gute Junge war sehr betrübt, dass er ihn todkrank fand; er rückte dicht an ihn heran und wärmte den Fiebernden.

Als es vom Dorfe Mitternacht schlug, da wurden Mümmelmanns Seher groß und starr; er sah die Zukunft vor sich: „Der Mensch ist auf die Erde gekommen", sprach er, „um den Bären zu töten, den Luchs und den Wolf, den Fuchs und das Wiesel, den Adler und den Habicht, den Raben und die Krähe. Alle Hasen, die in der Üppigkeit der Felder und im Wohlleben der Krautgärten die Leiber pflegen, wird er auch vernichten. Nur die Heidhasen, die stillen und genügsamen, wird er übersehen, und schließlich wird Mensch gegen Menschen sich kehren, und sie werden sich alle ermorden. Dann wird Frieden auf Erden sein. Nur die Hirsche und Rehe und die kleinen Vögel werden auf ihr leben und die Hasen, die Abkömmlinge von mir und meinem Geschlecht. Du, Ludjen, mein Schwestersohn, wirst den reinen Schlag fortpflanzen, und dein Geschlecht wird herrschen von Anfang bis Untergang. Der Hase wird Herr der Erde sein, denn sein ist die höchste Fruchtbarkeit und das reinste Herz."

Da rief der Kauz im Walde dreimal laut: „Komm mit, komm mit, komm mit zur Ruh, zur Ruh, zur Ruhuhuhu!", und Mümmelmann flüsterte: „Ich komme", und seine Seher brachen.

Ludjen hielt die Totenwacht bei seinem Oheim; drei Tage und drei Nächte blieb er bei ihm. Als er aber nach der vierten

Nacht zurückkam zum Hünengrab, da war der Leib seines Oheims verschwunden, und Ludjen meinte, die kleinen weißen Hasen wären gekommen und hätten ihn weggeholt zu dem Hasenparadiese, wo der große, weiße Hase auf dem unendlichen Kleeanger sitzt.

Reinke Rotvossens Vetternschaft aber wunderte sich, dass der alte dreibeinige, schwanzlose Heidfuchs, der immer so klapperdürr war, seit einigen Tagen einen strammen Balg hatte. Er hatte seinen Freund Mümmelmann bestattet auf seine Art.

Hermann Löns

# Der Osterhas

Nun kommt das Osterhäslein bald
gesprungen aus dem grünen Wald,
will allen braven Kinderlein
viel Eier legen ins Nest hinein.

Was frisst das Osterhäslein gern?
Frisst wohl Rosinen und Mandelkern?
Nein – Blümchen, gelb und rot wie Blut,
und grünes Gras, das schmeckt ihm gut.

Drum legt es auch ein rotes Ei,
vielleicht ein gelbes auch dabei,
und springt geschwind, husch, husch, husch,
dann wieder fort in Wald und Busch.

Komm, Osterhäslein, komm zu mir,
dein Nestlein ist schon fertig hier
von weichem Moos gar zart und fein,
leg nur manch schönes Ei hinein.

Georg Christian Dieffenbach

Die Entlarvung des Osterhasen

Ich muss ein geradezu reizendes Kind gewesen sein. – Wer mich noch nicht lange genug oder gar nicht kennt, der kann das nicht beurteilen. Denn ich habe mich im Laufe der Jahre ziemlich verändert ... Trotzdem soll mich niemand um Fotografien aus jener Zeit bitten, damit er meine damaligen Vorzüge begreife! Nicht etwa, dass solche Fotografien nicht existieren! Aber sie werden mir nicht gerecht; ich bin darauf einfach nicht gut getroffen. Eher möchte ich schon empfehlen, sich an meine Mutter zu wenden, deren Adresse mitzuteilen ich gern erbötig bin. Ihre Auskünfte, sicher auch die meiner Tante Lina, ferner die weit zurückreichenden Erinnerungen des Fräuleins Haubold aus der Färbereifiliale und der Bäckermeisterin Wirth – um nur einige Kronzeugen meiner Kindheit zu nennen –, kurz, eine imposante Summe des vollsten Vertrauens werter mündlicher Überlieferung wäre recht wohl dazu geeignet, auch den letzten Zweifel gegenüber meiner Behauptung zu entkräften, die ich zu meinem eigenen Bedauern wie einen mathematischen, jedes Beweises gern entratenden Lehrsatz wiederholen muss: Ich muss ein geradezu reizendes Kind gewesen sein. – Nichts wird dem, der Gemüt zu besitzen vorgibt, verständlicher sein, als dass ich mich mit einer ans Leidenschaftliche grenzenden Vorliebe jenes vergangenen Lebensabschnittes erinnere, in dem es mir vergönnt war, staunende Beachtung zu finden. Ja, ohne Übertreibung darf ich es aussprechen: Ich werde mir unvergesslich bleiben ... Wie wundervoll war es doch, das Raunen der Erwachsenen zu kosten, wenn ich anlässlich der öffentlichen Osterprüfungen vor das Katheder trat, um ein Gedicht von Viktor Blüthgen oder

Ludwig Uhland zu deklamieren! Wie ergriff mich die Feststellung, dass die Augen des Oberlehrers voller Zärtlichkeit auf mir ruhten und dass über die Wangen auch der neidischsten Mütter Tränen der Rührung bis zu Erbsengröße rollten! Oft hat man böse Worte gegen die Musterschüler gesprochen und geschrieben; man hat sehr unrecht daran getan. Mehr sage ich nicht, obwohl gerade ich dazu berufen wäre; denn ich war ein Musterschüler, wie er prächtiger und exemplarischer nicht wieder zur Welt kommen dürfte ... Musterschüler zu sein ist eine keineswegs jedem Beliebigen zugängliche Aufgabe. Es ist vielmehr ein Talent, dessen Geheimnis darin besteht, den Lehrern nicht nur Freude zu machen, sondern sogar Freude an ihnen zu haben. Wer zweifelt noch daran, dass dies besondere Eignung voraussetzt? Am liebsten rufe ich Erinnerungen an das erste Schuljahr wach ... Denn jener Schritt, mit dem ich über die Schwelle des Klassenzimmers stolperte, dass die Zuckertüte ihre bunte Spitze und ihren süßen Inhalt verlor – jener Schritt bedeutete das Heraustreten des Kindes aus dem engen Kreis der Familie in die Bezirke des öffentlichen Lebens; jener Schritt galt gewissermaßen der erstmaligen Ausübung staatsbürgerlicher Pflichten. Ich wage nicht zu behaupten, dass mir damals die ganze Schwere jenes stolpernden Schrittes klar zum Bewusstsein gekommen wäre. Das wohl nicht. Aber im Herzen des zum Bürger geborenen Kindes muss sich dergleichen instinktiv geltend machen, ehe es mit dem Kopfe begriffen wird. So erging es mir. – Und ähnlich, wie ich die Bedeutung des Schulbeginns empfand, sollte ich bald auch die der Persönlichkeit nachteiligen Folgen des öffentlichen Lebens spüren. – Der Lehrer meines ersten Schuljahres hieß Bremser. Genauer: Herr Bremser. Ihm verdanke ich wesentliche Förderungen. Sein Name soll mich nicht ungerecht machen. Ohne jede Übertreibung darf ich sogar sagen: Ich habe seitdem nicht mehr allzu viel hinzugelernt. Natürlich einzelne Dinge, tausend Zahlen, windige Neuigkeiten, das wohl. Doch was ich ihm verdanke, ist weit mehr. Er lehrte mich die Wirklichkeit sehen: Er ließ mich wissen, dass nichts ohne Ursachen und Folgen geschieht und dass die Fantasie ein Organ ist, das weggeschnitten zu werden verdiente, da es doch nichts nützt und, wenn es sich bemerkbar macht, schlimme Erkrankungen hervorruft. Und das kam so: Die letzte Stunde vor den Osterferien – ein ganzes Jahr war bereits verflossen –, diese letzte Stunde wurde weder mit komplizierten Schreibübungen noch mit einstelligen Rechenkünsten zugebracht, sondern mit improvisierten Darbietungen des Lehrers selber. Eine fraglos schöne alte Sitte. Er ging so weit, dass er uns fragte, was er denn nun erzählen solle. Wie ein Magier, der jeden Wunsch zu erfüllen imstande ist, lehnte er seine halbkugelrunde Weste gegen die Bordkante des Katheders und ließ Blicke väterlicher Güte über die kleinen Männer gleiten. Da zuck-

te es in den vorschriftsmäßig gefalteten Händen; da wurden die arglosen Gesichter nachdenklich; da gingen die wunderlichsten Wünsche und Rätsel hinter den sauber gekämmten Haarschöpfen spazieren. Herr Bremser war die Geduld in Person. Ermunternd wanderten seine Augen von einem zum anderen. Schließlich sagte

irgendein munteres Stimmchen: „Etwas vom Osterhasen!"
Dieser Wunsch war, da Ostern vor der Schultür stand, vollkommen begreiflich. Und ebenso begreiflich war es, dass alle
einverstanden waren. Jeder war willens, etwas vom Osterhasen zu hören. Freilich nicht die allgemein bekannten Tatsachen vom Legen, Färben und Verstecken der Eier, nein, etwas
Apartes! Am liebsten eine kleine spannende Geschichte, in
der jener wundervolle Hase die Heldenrolle spielen sollte ...
Herr Bremser nickte mit dem Kopf, schwenkte das eine Bein
über die Kathederecke, wie er das so zu tun liebte, schaute
sinnend in den Schulgarten hinaus, der schon zu grünen an-
hub, räusperte sich und sagte: „Ja, glaubt ihr denn noch an
den Osterhasen?" Und von dem Bedürfnis hingerissen, Kin-
derpsychologie experimentell zu betreiben, fuhr er fort: „Also
– wer noch an den Osterhasen glaubt, der hebe die Hand!"
Schon reckte er den Arm, um besser zählen zu können. –
Aber niemand hob die Hand ... So sicher es war, dass alle an
den Osterhasen glaubten, so klar wurde es ihnen plötzlich,
dass dieser Glaube ein Zeichen von Dummheit sei. Welcher
Mensch aber hat den Mut, sich zu seiner Dummheit zu be-
kennen? Und gar welches Kind? Mit einem Male wussten alle,
dass es keinen Osterhasen gab. Niemand wusste noch, wie
sich das Eierlegen sonst erklären lasse. Nun, diesen Bildungs-
defekt zu beheben war das Werk einer kurzen Stunde. Der
radikale Inventurausverkauf unseres Märchenglaubens kam
überraschend. Ich kann es nicht leugnen. Und dass ich zu
Hause schrecklich geheult habe und dass meine Mutter sehr
geschimpft hat, weiß ich noch recht gut. Aber, nicht wahr,
was will das besagen gegenüber der Tatsache, dass man uns
an diesem Tage menschenunwürdigen Einbildungen entriss!
Nun waren wir doch auf der kerzengeraden Marschroute in

den Konfirmationsanzug! Noch ein paar Jahre Addieren und Dividieren, Bibelsprüche und Gesangbuchverse, Jangtsekiang und Ludwig den Bayern – das war das wenigste … An jenem Tage ging eine neue Sonne auf und eine alte Welt unter … Im Ernst: Wenn ich meinem Lehrer noch einmal begegnen sollte – der Wahrscheinlichkeitsrechnung nach kann er noch rüstig am Leben sein –, ich würde ihm sagen: „Werter Herr! Sie waren seinerzeit so liebenswürdig, mich etwas plötzlich auf die Wirklichkeit vorzubereiten, als Sie den Osterhasen umbrachten. Beim Fortschritt der Menschheit, an den Sie glauben, das war für mich ein wenig hart. Und wüsste ich, dass Sie noch heute an jenen Fortschritt glauben – ich bin gern bereit, Sie von diesem Märchen zu erlösen. Eine Liebe ist der andern wert. Aber er wird mir nicht begegnen. Und das ist ebenso gut. – Heute hat sich wohl auch das geändert. Heute sagen die Kinder, während sie zur Welt kommen, zu ihren Eltern: „Also, dass ihr es wisst! Die Geschichte mit dem Storch, die könnt ihr euch schenken! Apropos, was haltet ihr vom Darwinismus?" Ja, der Fortschritt …

Erich Kästner

*Im wunderschönen
Monat Mai*

Im wunderschönen Monat Mai,
als alle Knospen sprangen,
da ist in meinem Herzen
die Liebe aufgegangen.

Im wunderschönen Monat Mai,
als alle Vögel sangen,
da hab ich ihr gestanden
mein Sehnen und Verlangen.

Heinrich Heine

Der Maibaum

Der Maiengruß ist ein frohes Bild aus dem Leben. Wem es neu ist, der mag sich an der frohen Volkssitte ergötzen; wem es bekannt ist, der bedenke, dass auch der Mai jedem bekannt ist und doch keinem langweilig, wenn er sich wiederholt. Der Maibaum ist ja auch ein Stück Mai.

„Bauer", sagt der Kleinhäusler Poldl, „was kostet der Baum, der oben im Schachen steht, wo sich die Wege kreuzen, der junge, hoch aufgeschossene Fichtenbaum?"

„An dem das Vogelnest ist?", entgegnet der Bauer. „Schau, Bauer, hast du ihn schon so genau beschaut?" „Freilich, und mir scheint, du hast's auch getan, Poldl. Vielleicht nimmst du einen anderen."

„Ich brauch' einen, der gut steht."

„Eh, das weiß ich. Für welche denn, wenn man fragen darf?"

„Werden wir handelseins, Bauer, so sage ich dir's. Was das Bezahlen anlangt: Einen Tag zum Kornschneiden hast mich, im Sommer, wenn's zeitig ist." „Eine Red'! Poldl, der Baum gehört dir. Für meine Kapelle tut's auch ein anderer."

So wird's ausgemacht zwischen dem Großbauern und dem Kleinhäusler. Der Großbauer ist diesem weit über an Bäumen und an Jahren. Er denkt nicht mehr dran, einem Dirndl den Maibaum zu setzen, er wendet seine Inbrunst bereits einem anderen zu und simuliert, wie er am ersten Maitag dem lieben Gott eine Aufmerksamkeit erweisen werde dafür, dass er es wieder Frühling werden ließ, dass er das Korn, welches im vorigen Herbst in die Erde gelegt wurde, wieder aus dem Grab ruft und dass er den Bauer diese erfreuliche Zeit noch einmal erleben ließ. Vor dem Hof auf freiem Anger steht eine kleine Kapelle. Der Bauer wird im Wald einen jungen, schlanken Baum schlachten, wird ihn entrinden bis an den Wipfel, an diesem die grünen Zweige schmücken mit bunten Bändern und roten Rosen aus Papier, und wird diesen Baum an der Kapelle aufrichten, dass es ein öffentliches Dankopfer sei, oder dass – wie einmal der Hegelnatz gesagt hat – die Leute sehen: Der Großbauer bleibe nichts schuldig und er bezahle den schönen Mai mit dem noch schöneren Maibaum. Denn um die künstlichen Blumen und Bänder ist der Bauer dem Herrgott „über".

Dieser Maibaum braucht das Tageslicht nicht zu scheuen; am Vorabend des ersten Mai wird er gelassen und sorgfältig aufgestellt, und gibt's für die Arbeiter danach ein gutes Vesperbrot. Und wenn dann in der Dämmerung die Fledermäuse hin- und herzufahren beginnen, sehen sie den Stamm, der so weiß ist, dass er ihren schwachen Augen wehtut. Also wär's, wenn die Menschen Mai machen müssten: lauter kahle, trockene Stäbe, lauter dürrer, bunt bestrichener Flitter!

Jetzt aber, der Kleinhäusler Poldl, der muntere, lebfrische Bursche, der gibt seinem Maibaum eine andere Bedeutung und einen anderen Boden. Sein Maibaum muss wachsen über Nacht wie Pilze wachsen nach einem Regen; keinen Spatenstich darf man hören, ohne Geräusch muss der herbeigeschleppte schlanke Stamm emporgehoben und in die Grube gesenkt werden. Im Rüblhof ist sie daheim, die Kleine! Die Liebe! Der Poldl ist schon so weit mit ihr in Richtigkeit, nur will sie's immer noch nicht recht glauben, dass es sein Ernst ist. Übermütige Burschen machen oft Späße mit solchen Dingen und Mädchen, die draufgehen, werden ausgelacht – und oft mehr als das.

Da kommt der erste Mai und mit ihm ein Landesbrauch, der

dem Poldl Gelegenheit gibt, es öffentlich auszurufen: Ihm gehört das Dirndl im Rüblhof!

Im Wald oben, wo der Baum gefällt worden ist, wird er auch entschält – alles ganz heimlich –, nur der grüne Wipfel mit seinen weichen Zweiglein und Kreuzln bleibt sorgfältig geschont und hat sich der Poldl viel Tabakgeld kosten lassen, um ihn mit roten und blauen Seidenbändern zu schmücken, vielleicht noch ein Herz oder einen Reiter aus Lebkuchen oder dergleichen hinaufzuhängen. Beim Entschälen des Schaftes wird geachtet, dass hoch oben ein paar Rindenkränze dranbleiben, die wie Kronen gezackt werden.

Die Kameraden sind bestellt, und kommt die Nacht, so tragen sie diesen Baum hinunter ins Tal, und am Rüblhof gegenüber dem Kammerfenster des Dirndls wird er aufgestellt. – Im Haus schläft alles; der Kettenhund ist bestochen, die Arbeit wird mit Mühe vollbracht.

Manchmal gerät es nicht, der Baum hängt, hängt nach einer Seite. – Öfter steht er gerade empor zum Himmel, und das ist beim Poldl der Fall.

Nun – die Arbeit getan – wird ein wenig geminnt. Der Bursche stellt sich ans Fensterl und macht mit halblautem Geflüster seinen Spruch:

„Mein Herz und mein Sinn
ist im Kämmerlein drin,
wia stell ih's denn an,
dass ih noch eini kann?"

Junges Blut hat guten Schlaf, aber so etwas weckt es doch. Nur ist das Dirndl im Rüblhof so schlau und meldet sich nicht, denn sie will noch mehr so Sprüchlein hören. Daher fährt er fort:

„Du herzi liabs Schatzerl,
du Himmelschlüssl,
steh auf und mach auf
a kloanwinzigs bissl."

Inwendig ist ihr schon über die Maßen heiß, nach außen bewahrt sie immer noch die Ruhe.
Da singt er:

„Dirndl, bist stulz
oder kennst mih nit,
oder is däs
's recht Fensterl nit?"

Jetzt gibt's für sie kein Halten mehr, denn das letzte Lied ist voll von Irrtümern. Sie kennt ihn recht gut und ist vor ihm auch nicht stolz, daher ist es wohl wahrlich das rechte Fensterl. Ein klein wenig tut sie den Schuber auf und flüstert heraus:

„Ih bin nit stulz
ih kenn dih wul,
du bist da Bua,
der kema sull."

Weiter zu horchen geziemt uns nicht. Und was die Nacht huldreich verhüllt, der Maimorgen macht es freudig offenbar. Als das Dirndl das Fenster auftut, damit die Mailuft hereinkann – denn alles trachtet an diesem Morgen der Frische zu, „Mailuft schöpfen! Mailuft schöpfen!" –, da sieht sie's: Vor dem Fenster steht schlank und blank in der hellen Sonne das Ausrufungszeichen der Liebe!

Was sagen die Leute dazu? – Schau, schau, sagen die Leute dazu, und das ist sehr viel gesagt. Der Vater, die Mutter lassen ihr Töchterl rufen.

„Vater, vielleicht hat's der Bruder getan, er hat mich gern."

„Der Bruder, mein Kind, der hat das nicht getan. Schau hinüber dort an die Berglehne, vor dem Lehmerhof steht auch ein weißer Stamm. Das hat dein Bruder getan."

„Mutter, so haben sie es unserer Magd getan."

„Leugne es nicht, Kind. Wenn's sein Ernst ist! Wir können es uns ja wohl denken, wer dir den Maibaum gebracht hat. Aber sag' nicht zu früh Ja. Lass ihn neunmal fragen, bis du Ja sagst. Im Ehestand kommt eine Zeit, wo er dir das vorzeitige Ja vorhalten tät'! Lass ihn neunmal fragen."

Das tut sie. Schon am nächsten Sonnabend kommt er und fragt sie neunmal rasch hintereinander. Nach dem neunten Mal sagt sie ebenso rasch Ja. Der

Vogel, der oben im Wald sein Nest gebaut, hat den schlanken Baum nicht vergessen, er muss ihn wohl noch am Wipfel erkennen, denn er fliegt um den Maibaum, dass seine Flügel an die zitternden Bänder schlagen ...

Wenn ihr, liebe Freunde, im Frühsommer durchs schöne steirische Land fahrt, so seht ihr in den Dörfern die weißen Schäfte mit den buschigen Wipfeln hoch aufragen über die Dächer. Ihr wisst nun, dass sie entweder frommen Sinn bezeigen oder helles Liebesglück bedeuten. Auch die Wirtshäuser stellen mitunter Maibäume auf, um Gäste herbeizulocken. In einzelnen Gegenden pflegt man mit Wein gefüllte, gut verkorkte Flaschen an den Wipfel zu hängen, die dann im Frühherbst kühn heruntergeholt und ausgetrunken werden sollen. Manchmal sind auch schlimme Sachen an dem Wipfel, Sachen zu Hohn und Spott, denn so ein Maibaum verdankt seinen Ursprung mitunter der Eitelkeit, der Spottsucht, der Eifersucht, der Rache usw. – auch das Bauernherz hat mehr Kammern als vier. An Maibäumen ist schon manche fröhliche, aber freilich auch manche tragische Dorfgeschichte gewachsen. Von schlimmer Bedeutung ist ein verstümmelter Maibaum. Es geschieht manchmal, dass er schon in der ersten Nacht oder in einer späteren – denn er steht über den Hochsommer hinaus – von boshafter Hand, zumeist aus Eifersucht, beschädigt wird. Da hängt er am Morgen entweder nach einer Seite hin – schief und quer, wie ein Strich durch die Rechnung, oder der weiße Stamm ist bekleckst, es flattern an ihm schmutzige Fetzen, oder er ist gar aus seinen Grundfesten gehoben, auf den Boden hingeworfen worden, und sein Wipfel ist zerzaust, geplündert, ist vielleicht vom Stamm getrennt, auf den Misthaufen hingepflanzt und geziert mit zweideutigen Symbolen. Und der Baum, der von einem lieben Burschen dem Dirndl zur Ehre aufgestellt wurde, wird nun ihr zum Schimpf', der schwer vergeht.

Ein Maisträußlein von Veilchen und Rosenknospen, das in heimlicher Nacht der Bursche der Auserwählten ans Fenster steckt, hat für manche mehr Wert als der hochragende weiße Baum, aber das heimliche Sträußchen – es ist ein gefährliches Ding. Wenn dann der Fronleichnamstag kommt, der „Kranzltag", da getraut sich manches Dirndl den Rosmarinzweig nicht mehr ins Haar zu flechten. Das ist die Schuld der Mainacht.

Peter Rosegger

Der Winter ist vergangen

1. Der Win-ter ist ver-gan-gen, ich seh des
ich seh die Blüm-lein pran-gen, des ist mein
Mai-en Schein,
Herz er-freut.
So fern in je-nem
Ta-le, da ist gar lus-tig sein, da singt Frau
Nach-ti-gal-le und manch Wald-vö-ge-lein.

2. Ich geh den Mai zu hauen,
hin durch das grüne Gras,
schenk meinem Buhl die Treue,
die mir die Liebste was,
und bitt, dass sie mag kommen,
wohl an dem Fenster stahn,
empfang'n den Mai mit Blumen,
er ist gar wohlgetan.

Text: Nach einer niederländischen Handschrift von 1537
Melodie: Nach dem Lautenbuch von Joh. F. Thysius, um 1600

# Es ist ein Unterschied

Es war im Monat Mai, der Wind blies noch kalt, aber Büsche und Bäume, Feld und Wiese sagten: „Der Frühling ist da!" Es wimmelte von Blüten bis in die lebendigen Hecken hinauf. Dort führte der Frühling selbst seine Sache, er sprach von einem kleinen Apfelbäumchen herab. Dort hing nur ein einziger Zweig, frisch und blühend, mit feinen, rosenroten Knospen überstreut, die im Begriff waren, sich zu öffnen. Er wusste recht wohl, wie schön er sei, denn dies liegt im Blatte wie auch im Blute. Deshalb war er auch nicht überrascht, als ein herrschaftlicher Wagen vor ihm anhielt und die junge Gräfin sagte, dass der Apfelzweig das Lieblichste sei, was man sehen könne; er sei der Frühling selbst in seiner herrlichsten Offenbarung. Der Zweig wurde abgebrochen, sie nahm ihn in ihre feine Hand und beschattete ihn mit ihrem seidenen Sonnenschirme – dann fuhren sie nach dem Schlosse mit seinen hohen Sälen und prächtigen Zimmern. Lichte weiße Vorhänge flatterten vor den offenen Fenstern, herrliche Blumen standen in glänzenden, durchsichtigen Vasen, und in eine von diesen, die wie aus frisch gefallenem Schnee geschnitten glitzerte, wurde der Apfelzweig mitten zwischen frische, lichtgrüne Buchenzweige gesteckt; es war eine Lust, ihn anzusehen. Da wurde der Zweig stolz, und das war nur menschlich.
Es kamen die unterschiedlichsten Leute durch die Zimmer, und je nachdem, wie viel sie galten, durften sie ihre Bewunderung aussprechen. Einige sagten nichts, andere wiederum zu viel, und der Apfelzweig entnahm daraus, dass es einen Unterschied zwischen den Menschen gibt ebenso wie zwischen den Gewächsen.

„Einige sind zum Staate und einige zum Ernähren da; es gibt auch solche, die man ganz entbehren könnte", meinte der Apfelzweig, und da er gerade vor dem offenen Fenster stand, von wo aus er in den Garten und auf das Feld sehen konnte, gab es für ihn Blumen und Gewächse genug, um sie zu betrachten und darüber nachzudenken; dort standen reiche und arme, einige gar zu ärmliche. „Arme, verstoßene Kräuter!", sagte der Apfelzweig. „Da ist wahrlich ein Unterschied! Wie unglücklich müssen sie sich fühlen, wenn sie überhaupt so fühlen können wie ich und meinesgleichen; freilich ist da ein Unterschied gemacht, aber der muss auch gemacht werden, sonst wären wir ja alle auf einer Stufe!"

Und der Apfelzweig sah mit einer Art Mitleid ganz besonders auf eine bestimmte Sorte von Blumen, die sich in großer Anzahl auf Feldern und in Gräben fanden. Keiner band sie zum Strauße; sie waren gar zu gewöhnlich, ja, man konnte sie selbst zwischen dem Steinpflaster finden. Sie schossen wie das ärgste Unkraut hervor und hatten den hässlichsten Namen, den man sich denken kann: Hundsblumen.

„Armes, verachtetes Gewächs!", sagte der Apfelzweig. „Du kannst nichts dafür, dass du wurdest, was du bist, dass du so gewöhnlich bist und man dir diesen, den hässlichen Namen gab, den du jetzt trägst. Aber mit den Gewächsen ist es wie mit den Menschen, ein Unterschied muss sein!"

„Ein Unterschied?", fragte der Sonnenstrahl und küsste den blühenden Apfelzweig, küsste aber auch die gelben Hundsblumen draußen auf dem Felde, und alle Brüder des Sonnenstrahls küssten sie, die armen Blumen wie die reichen.

Der Apfelzweig hatte niemals über Gottes unendliche Liebe gegenüber allem, was da lebt und sich bewegt, nachgedacht, nie auch darüber, wie viel Schönes und Gutes verborgen, aber nicht vergessen daliegen kann – und auch dies war nur menschlich.

Der Sonnenstrahl, der Strahl des Lichtes, wusste es besser: „Du siehst nicht weit, du siehst nicht klar! – Welches ist das verachtete Kraut, das du so sehr beklagst?"

„Die Hundsblume!", sagte der Apfelzweig. „Niemals wird sie zum Strauß gebunden, sie wird mit Füßen getreten; es sind ihrer zu viele, und wenn sie Samen tragen, so fliegen diese wie kleine Wolleflöckchen über den Weg und hängen sich an die Kleider der Leute. Unkraut ist's; aber auch das soll ja sein! – Ich bin wirklich dankbar, dass ich keine von diesen Blumen geworden bin!"

Und über das Feld kam eine Schar Kinder. Das jüngste von ihnen war noch so winzig, dass es von den andern getragen wurde. Als es zwischen die gelben Blumen in das Gras gesetzt wurde, lachte es laut vor Freude, zappelte mit den kleinen Beinchen, wälzte sich umher, pflückte nur die gelben Blumen und küsste sie in süßer Unschuld. Die etwas größeren Kinder brachen die Blumen von den hohlen Stängeln, bogen sie rund zu Ringen zusammen und reihten Glied an Glied, sodass eine Kette daraus entstand; erst eine für den Hals, dann  eine, um sie über die Schultern und um den Leib zu hängen, und dann noch eine für Brust und Kopf. Das war wahrlich eine Pracht von grünen Bändern und Ketten! Aber die größten Kinder fassten vorsichtig die abgeblühte Blume beim Stängel, der die flockenartig zusammengesetzte Samenkrone trug; diese lose, lustige Wollblume, die ein rechtes Kunstwerk ist, wie aus den feinsten Federn, Flocken oder Daunen, hielten sie an den Mund, um sie mit einem einigen Hauch vollkommen abzublasen, und wer das konnte, bekam, wie die Großmutter sagte, neue Kleider, bevor das Jahr zu Ende ging.

Die verachtete Blume wurde bei dieser Gelegenheit zu einem wahren Propheten.

„Siehst du!", sagte der Sonnenstrahl. „Siehst du ihre Schönheit, siehst du ihre Macht?" – „Ja, für Kinder!", antwortete der Apfelzweig.

Und dann kam eine alte Frau auf das Feld und grub mit ihrem stumpfen, grifflosen Messer rund um die Wurzel des Krautes und zog diese heraus. Einige der Wurzeln wollte sie ihrem Kaffee zusetzen, andere wollte sie in der Apotheke zu Geld machen, wenn sie sie dem Apotheker als Heilmittel brachte.

„Schönheit ist doch etwas Höheres!", sagte der Apfelzweig. „Nur die Auserwählten kommen in das Reich des Schönen! Es gibt einen Unterschied zwischen den Gewächsen, wie es einen Unterschied zwischen den Menschen gibt!"

Und der Sonnenstrahl sprach von der unendlichen Liebe Gottes, die sich im Erschaffenen offenbart, und von seiner Liebe zu allem, was Leben hat, und davon, wie all dies gleichmäßig verteilt sei, in Zeit und Ewigkeit!

„Ja, das ist nun Ihre Meinung!", sagte der Apfelzweig.

Da kamen Leute in das Zimmer und die schöne, junge Gräfin erschien, sie, die den Apfelzweig in die durchsichtige Vase gestellt hatte, wo das Sonnenlicht strahlte. Und sie brachte eine Blume oder was es sonst sein mochte. Dieses Etwas wurde von drei bis vier großen Blättern verborgen gehalten, die es wie eine Tüte umstanden. Die Blätter beschützten die Blume, auf dass weder Zug noch Windhauch sie verletzen konnte, und sie wurde so vorsichtig getragen, wie es nicht einmal mit dem feinen Apfelzweige geschehen war.

Ganz behutsam wurden nun die großen Blätter beiseitegeschoben, und man sah die feine, gefiederte Samenkrone der gelben, verachteten Hundsblume. Sie war es, die so vorsichtig gepflückt, so sorgfältig getragen worden war, damit nicht einer der feinen Federpfeile, die gleichsam ihre Nebelhülle bildeten und lose sitzen, fortwehen sollte. Unversehrt trug die Gräfin nun dieses kleine Wunder der Natur, die sonst so verachtete Hundsblume, durch das Zimmer und bewunderte ihre schöne Form, ihre luftige Klarheit, ihre ganze einzigartige Zusammensetzung, ihre ganze Pracht, die alsbald im Winde verwehen sollte.

„Sieh doch, wie wunderbar herrlich der liebe Gott sie gemacht hat", sagte sie. „Ich will sie mit dem Apfelzweig zusammen malen, der ist so unendlich schön für die Augen aller Menschen, aber auch diese schlichte Blume hat auf eine andere Weise ebenso viel vom lieben Gott erhalten; so verschieden sie auch sind, sind sie doch beide Kinder im Reiche der Schönheit."

Und der Sonnenstrahl küsste die ärmliche Blume und den blühenden Apfelzweig, dessen Blätter dabei zu erröten schienen.

Hans Christian Andersen

Der graue „Holländer"

Ein sanfter Mairegen war niedergegangen, die Welt war blau und grasgrün, in den kleinen Pokalen der Apfelblüten stand glitzerndes Himmelswasser, und im Wiesental duftete es nach frischem Laub.

Ich brachte die Araberstute zum Weiden an den Waldrand. Ihr sandgelbes Hengstfohlen trabte voraus, als ob ihm seine Herstellerin, die Stute, in jedes Bein eine Federung eingeboren hätte.

Ein querrender Ton, scharf wie ein Laserstrahl, zerschnitt die Harmonie von Erde und Himmel. Das Fohlen erschrak und bremste den Trab so jäh, dass es das Gleichgewicht verlor und stürzte. Der Zwergschnauzer-Rüde warf im Walde ein graues Fellbündelchen hoch und fing es spielerisch wieder auf. Ich verwarnte ihn und band die erregte Stute an einen Baum.

Im Waldgras hockte ein junger Hase. Er trug noch den weißen Stirnfleck und war nicht größer als meine Faust. Trotz seiner Unerfahrenheit schien er schon auf EIGENE RECHNUNG UND GEFAHR im Wald zu sein. Seine Augen glänzten fiebrig, und er zitterte wie das Windhalmgras um ihn her. Seine Angst rührte mich. Ich nahm ihn auf, fühlte sein Hasenherz klopfen und bot ihm an, in den Ausschnitt meiner Arbeitsbluse zu schlüpfen. Er tat es.

Im Kaninchenstall hatte eine Holländerhäsin geworfen. Ihre Jungtiere waren zwei Wochen alt und lagen noch im Nest. Ich rieb den Junghasen mit Wolle aus dem Kaninchennest ab und setzte ihn mit diesem gefälschten Personalausweis als sechstes Kaninchen zu den anderen. Eine Weile blieb er im Nest, dann begann er in der Box umherzuwandern und näherte sich der Kaninchenmutter.

Ich öffnete die Boxentür, um zupacken zu können, falls die Stallhäsin meine Zauberei nicht anerkennen sollte. Die Holländerin fraß Löwenzahnblätter und beachtete den Fremdling nicht. Der Junghase legte sich auf den Rücken und suchte nach dem Gesäuge der Adoptivmutter. Die Häsin knallte mit den Hinterläufen und wehrte ihn ab: Weshalb blieb dieser Quälgeist nicht im Nest und wartete, bis ihm die Milch gebracht wurde?

Bis zum Dunkelwerden blieb ich an der Box. Der Hasenholländer saß neben der arglosen Stiefmutter, wärmte sich, und der Fieberglanz seiner Augen verlor sich.

Als ich vor dem Zubettgehen ein letztes Mal mit der Taschenlampe nach dem Experimentierhasen sah, lugten seine grauen Ohrspitzen aus dem Gewöll des Kaninchennestes.

Später tummelten sich der Hase und die Holländerkaninchen wie Geschwister in der Box. Meine Besucher wunderten sich. „Fünf sind gescheckt, und eines ist grau und größer, wie kommt das?" „Unser Hund brach zerstörerisch in die Welt eines Junghasen, und ich versuchte sie zu flicken." Man verstand nicht. Es wurde mir leid, die Geschichte wieder und wieder zu erzählen, deshalb schrieb ich sie hier auf.

Erwin Strittmatter

Im Frühling,
wenn die Maiglöckchen läuten

Kling, kling Glöckchen,
Im Haus steht ein Döckchen,
Im Garten steht ein Hühnernest,
Stehn drei seidne Döckchen drin,
Eins spinnt Seiden,
Eins flicht Weiden,
Eins schließt den Himmel auf,
Lässt ein bisschen Sonn heraus,
Lässt ein bisschen drin,
Daraus die Liebfrau Maria spinn,
Ein Röcklein für ihr Kindelein.

Achim von Arnim

Am ersten Maimorgen

Heute will ich fröhlich sein,
Keine Weis und keine Sitte hören;
Will mich wälzen und für Freude schrein,
Und der König soll mir das nicht wehren;
Denn er kommt mit seiner Freuden Schar
Heute aus der Morgenröte Hallen,
Einen Blumenkranz um Brust und Haar
Und auf seiner Schulter Nachtigallen;
Und sein Antlitz ist ihm rot und weiß,
Und er träuft von Tau und Duft und Segen –
Ha! Mein Thyrsus sei ein Knospenreis,
Und so tauml ich meinem Freund entgegen.

Matthias Claudius

Der Mai ist gekommen, die Bäume schlagen aus

1. Der Mai ist ge-kom-men, die Bäu-me schla-gen aus,
da blei-be, wer Lust hat, mit Sor - gen zu Haus.
Wie die Wol-ken dort wan-dern am himm-li - schen Zelt,
so steht auch mir der Sinn in die wei - te, wei - te Welt.

2. Herr Vater, Frau Mutter, dass Gott euch behüt!
Wer weiß, wo in der Ferne mein Glück mir noch blüht!
Es gibt so manche Straße, da nimmer ich marschiert,
es gibt so manchen Wein, den ich nimmer noch probiert.

3. Frisch auf drum, frisch auf drum im hellen Sonnenstrahl!
Wohl über die Berge, wohl durch das tiefe Tal!
Die Quellen erklingen, die Bäume rauschen all;
mein Herz ist wie 'ne Lerche und stimmet ein mit Schall.

211

4. Und abends im Städtlein, da kehr ich durstig ein:
„Herr Wirt, eine Kanne, eine Kanne blanken Wein!
Ergreife die Fiedel, du lustiger Spielmann du,
von meinem Schatz das Liedel, das sing ich dazu."

5. Und find ich keine Herberg', so lieg ich zu Nacht
wohl unter blauem Himmel, die Sterne halten Wacht;
im Winde die Linde, die rauscht mich ein gemach,
es küsset in der Frühe das Morgenrot mich wach.

6. O Wandern, o Wandern, du freie Burschenlust!
Da wehet Gottes Odem so frisch in die Brust;
da singet und jauchzet das Herz zum Himmelszelt;
wie bist du doch so schön, o du weite, weite Welt!

Text: Emanuel Geibel
Melodie: Justus Wilhelm Lyra

Maienfreude

Das früheste Spiel des Frühlings ist der Ball in der Dorfstraße oder auf dem sprießenden Anger, er wird von Jung und Alt, von Männern und Frauen geschwungen. Wer den bunten Federball zu werfen hat, sendet ihn mit einem Gruße nach einem, den er lieb hat. Die behenden Bewegungen, der kräftige Wurf, die kurzen Zurufe an Freunde oder Gegner sind die Freude der Zuschauer und der Spielenden. Und kommt der sonnige Mai, dann holen die Mädchen den Festschmuck aus der Lade und winden Kränze in ihr Haar und das ihres Freundes. So ziehen sie bekränzt und mit Bändern geschmückt, den Handspiegel als Zierrat an der Seite, mit ihren Gespielen auf den Anger, wohl hundert Mädchen und Frauen sind dort zum Reihen versammelt. Dorthin eilen auch die Männer, zierlich ist ihre Tracht, das Wams mit bunten Knöpfen besetzt, vielleicht sogar mit Schellen, welche eine Zeit lang der anspruchsvolle Schmuck der Vornehmen sind, die Seide fehlt nicht wie im Winter die Pelzverbrämung. Der Gürtel ist wohlbeschlagen mit glänzendem Metall, ein Eisenhemd ist in das Kleid gesteppt, die Spitze des Schwertes klingt beim Gehen an die Ferse. Die stolzen Knaben sind voll Freude am Kampfe, herausfordernd, jeder eifersüchtig auf seine Geltung. Mit Leidenschaft werden die großen Reihen getanzt, kühn sind die Sprünge, voll Jubel die Freude, überall die Poesie einer fröhlichen Sinnlichkeit. Laut singt der Chor der Umstehenden den Text des Reihens, leise singt das Mädchen die Weise mit. Und noch größer wird unser Befremden, wenn wir den Rhythmus und Text dieser alten Volkstänze betrachten, es ist eine Grazie nicht nur in der Sprache, auch in den menschlichen Verhältnissen, die vielmehr an die antike Welt erinnert als an die Empfindung unserer Landsleute. Auf einleitenden Strophen, welche in zahllosen Variationen das Aufgehen des Frühjahres rühmen, folgen andere zum Teil in lockerem Zusammenhange wie improvisiert, den Schnaderhüpfeln ähnlich, welche sich in Oberdeutschland bei Volkstänzen bis jetzt erhalten haben.

Gustav Freytag

ZUTATEN:

4 Zwiebeln, 1 unbeh.
Orange, 1 Ente (2kg),
Salz, Pfeffer, je 2 Stiele
Thymian, Rosmarin,
Salbei, 2 kl. Möhren,
125g Sellerie, 2 EL Öl,
150ml trockner Rotwein,
250ml Brühe,
3 EL Johannisbeergelee

Zwei Zwiebeln achteln.
Orange waschen, eine
Hälfte in Stücke
schneiden. Andere
Hälfte auspressen.
Ente würzen. Zwiebeln,
Orangenstücke und
Kräuter hineingeben.
Restliche Zwiebeln,
Möhren und Sellerie
würfeln. Gemüse in Öl
anbraten.
Mit Rotwein ablöschen,
einkochen. Brühe
auffüllen. Ente auf das
Gemüse setzen.
Im Ofen bei 210°C
20min braten. Auf
180°C reduzieren, eine
Stunde weiterbraten.
Ente auf einem Blech
ruhen lassen. Fond
entfetten. Orangensaft
und Gelee in die Sauce
rühren.

Geflügel auf dem Tisch – Christi Himmelfahrt

Das Fest Christi Himmelfahrt gehört zum Altbestand christlicher Festkultur. So wie Jesus sich vierzig Tage auf sein öffentliches Auftreten vorbereitet, erscheint er vierzig Tage nach seiner Auferstehung mit verklärtem Leib. Seine Auferstehung begründet den Himmel als Dimension des Einsseins von Gott und Mensch.

Weil die Menschen einen Zusammenhang zwischen Himmelfahrt und Geistsendung sahen, wurde bis in das 4. Jahrhundert hinein Christi Himmelfahrt an Pfingsten mitgefeiert. Die Ausfaltung des Festes geschah wahrscheinlich erst nach dem Nicänum (325). Mindestens seit 370 kann Christi Himmelfahrt als eigenes Fest am Donnerstag nach dem 5. Ostersonntag nachgewiesen werden. Bereits die frühen Christen gedachten der Himmelfahrt Christi in einer Höhle auf dem Ölberg. 1914 wurde dort, auf einem der höchsten Punkte Jerusalems – 850 m über dem Meeresspiegel und fast 1.300 m über dem Toten Meer – die Himmelfahrtkirche erbaut.

Die Menschen des Mittelalters suchten die kirchliche Lehre symbolhaft zu „be-greifen". In vielen Kirchen wurde eine Plastik des auferstandenen Christus mithilfe einer Winde in das Gewölbe hochgezogen, um die Himmelfahrt darzustellen. Außerdem aßen die Menschen an diesem Tag nur Fleisch vom Geflügel (= fliegendes Fleisch), um auch beim Essen an die Himmelfahrt Christi zu denken.

Heute dominiert oftmals das Brauchtum zum Vatertag. Er wird vor allem in Ostdeutschland auch als Herrentag bezeichnet. Die heutige Form des „Vatertagfeierns" kam Ende des 19. Jahrhunderts in Berlin und Umgebung auf. Die Männer (nicht immer sind es Väter) machen dabei meist eine Wanderung oder eine gemeinsame Ausfahrt.

Manfred Becker-Huberti

Christi Himmelfahrt

Er war ihr eigen dreiunddreißig Jahr.
Die Zeit ist hin, ist hin!
Wie ist sie doch nun alles Glanzes bar,
Die öde Erd', auf der ich atm'und bin!
Warum durft' ich nicht leben, als sein Hauch
Die Luft versüßte, als sein reines Aug'
Gesegnet jedes Kraut und jeden Stein?
Warum nicht mich? Warum nicht mich allein,
O Herr, du hättest mich gesegnet auch!

Dir nachgeschlichen wär' ich überall
Und hätte ganz von fern,
Verborgen von gebüschesgrünem Wall,
Geheim betrachtet meinen liebsten Herrn.
Zu Martha hätt' ich bittend mich gewandt
Um einen kleinen Dienst für meine Hand:
Vielleicht den Herd zu schüren dir zum Mahl,
Zum Quell zu gehn, zu lüften dir den Saal –
Du hättest meine Liebe wohl erkannt.

Und draußen in des Volkes dichtem Schwarm
Hätt' ich versteckt gelauscht,
Und deine Worte, lebensreich und warm,
So gern um jede andre Lust getauscht;
Mit Magdalena hätt' ich wollen knien,
Auch meine Träne hätte sollen glühn
Auf deinem Fuß; vielleicht dann, ach, vielleicht
Wohl hätte mich dein selig Wort erreicht:
Geh hin, auch deine Sünden sind verziehn!

Umsonst! Und zwei Jahrtausende nun fast
Sind ihrem Schlusse nah',
Seitdem die Erde ihren süßen Gast
Zuletzt getragen in Bethania.
Schon längst sind deine Märtyrer erhöht,
Und lange Unkraut hat der Feind gesät;
Gespalten längst ist deiner Kirche Reich,
Und trauernd hängt der mühbeladne Zweig
An deinem Baume; doch die Wurzel steht.

Geboren bin ich in bedrängter Zeit;
Nach langer Glaubensrast
Hat nun verschollner Frevel sich erneut;
Wir tragen wieder fast vergessne Last,
Und wieder deine Opfer stehn geweiht.
Ach, ist nicht Lieben seliger im Leid?
Bist du nicht näher, wenn die Trauer weint.
Wo drei in deinem Namen sind vereint,
Als Tausenden in Schmuck und Feierkleid?

's ist sichtbar, wie die Glaubensflamme reich
Empor im Sturme schlägt,
Wie mancher, der zuvor Nachtwandlern gleich,
Jetzt frisch und kräftig seine Glieder regt.
Gesundet sind die Kranken; wer dalag
Und träumte, ward vom Stundenschlage wach;
Was sonst zerstreut, verflattert in der Welt,
Das hat um deine Fahne sich gestellt,
Und jeder alte, zähe Firnis brach.

Was will ich mehr? Ist es vergönnt dem Knecht,
Die Gabe seines Herrn
Zu meistern? Was du tust, das sei ihm recht!
Und ist dein Lieben auch ein Flammenstern,
Willst läutern du durch Glut, wie den Asbest,
Dein Eigentum von fauler Flecken Pest:
Wir sehen deine Hand und sind getrost,
Ob über uns die Wetterwolke tost,
Wir sehen deine Hand und stehen fest.

Unbekannt

Pfingsten – 50 Tage nach Ostern

Pfingsten kommt von griechisch „Fünfzig" (Pentecoste). Der Pfingsttag liegt sieben Wochen nach Ostern, zählt man den ersten und letzten Tag mit, kommt man auf 50 Tage. Pfingsten ist in unseren Breiten auch ein Sommerfest und hat daher ein ähnliches Brauchtum wie der 1. Mai.

Wie Ostern geht Pfingsten auf ein jüdisches Fest, das Siebenwochenfest, zurück. An dem Tag trafen sich die Anhänger Jesu in Jerusalem und erlebten etwas, das sie von verängstigten Anhängern eines gescheiterten Propheten zu mutigen Predigern des Evangeliums machte. Die Apostelgeschichte (2. Kapitel) berichtet, dass ein Brausen das Haus erfüllte, in dem sich die Anhänger Jesu versammelt hatten. Zungen wie von Feuer lassen sich auf die einzelnen nieder. Darauf weist die liturgische Farbe „Rot" an Pfingsten hin. Die Bevölkerung von Jerusalem eilt zusammen und hört die Jünger in verschiedenen Sprachen reden. Petrus hält seine erste öffentliche Predigt, 3.000 Menschen lassen sich überzeugen. Die Christen verstehen sich weiterhin als Teil des Judentums, sie nennen ihre Bewegung den „Neuen Weg".

Pfingsten hat trotz dieser Trennung vom Judentum die Tradition des Siebenwochenfestes weitergeführt. An dem Tag gedenken die Juden der Gesetzgebung am Sinai, die durch ähnliche Phänomene begleitet wurde. Der Berg ist in Wolken, Gott fährt im Feuer herab, er spricht zu Mose im Donner (Ex 19,16-19). In den Targumen, den rabbinischen Kommentaren, wird der Zusammenhang von Gottes Reden und dem Feuer betont, die Worte Gottes sind wie brennende Pfeile und Feuerflammen, die Stimme ist als Feuer sichtbar, das sich in Zungen verteilt. Auch die Aussage, dass jedes Volk die Worte in seiner Sprache versteht, wird herausgestellt. Das Gesetz wurde am Sinai bereits allen Völkern verkündet und auf der ganzen Welt gehört. So sind unter den Zuhörern nicht nur Jerusalemer Bürger, sondern Menschen aus vielen Nationen. Der Bericht zählt 16 Nationen bzw. Sprachen auf.

Die Ausgießung des Geistes auf alle, nicht nur auf Propheten und andere ausgewählte Menschen, ist selbst ein Zeichen der messianischen Zeit und wird von den christlichen Predigern als Beweis für ihre Behauptung gesehen, dass Jesus der Messias ist. Die Begabung mit dem Geist ist dann auch das Neue, was jeden Christen ausmacht. Der Geist wohnt in ihm, der Christ wird „Tempel des Heiligen Geistes". In der Firmung bzw. Konfirmation wird das ausdrücklich gemacht. Der Christ ist zu einem geistlichen Leben berufen, Spiritualität leitet sich von dem lateinischen Wort für Geist her.

Pfingsten gilt als Gründungstag der Kirche und hat in der Ökumene neue Bedeutung gewonnen.

Eckhard Bieger

Taube und Feuerzungen als Symbole für den Heiligen Geist

Die Taube ist wohl deshalb ein Hinweis auf den Heiligen Geist, weil sie zu ihrem Ausgangspunkt zurückfindet. Ähnlich führt der Geist den Menschen zu seinem Ursprung, zu seinem Schöpfer zurück. Als Jesus von Johannes getauft wird, kommt der Heilige Geist in Gestalt einer Taube auf ihn herab (Matthäus 3,16). An Pfingsten ist nach dem Bericht der Apostelgeschichte keine Taube erschienen. Stattdessen spricht der Pfingstbericht der Apostelgeschichte (Kap. 2,3) von Feuerzungen. Sie befreien die Jünger Jesu zum Reden, sodass Menschen unterschiedlicher Herkunft sie verstehen können. Wenn in einigen Kirchen am Pfingsttag rote Blütenblätter auf die Gottesdienstgemeinde herunterschweben, erinnert das an die Feuerzungen des ersten Pfingstfestes.

Pfingstritt – Segnung der Felder

Soll der Osterritt der Sorben die Botschaft der Auferstehung in die Dörfer tragen, so gilt der Pfingstritt den Feldern. Ein Gebiet zu umreiten, ist eine Art Segenshandlung. So soll auch der Pfingstritt am Pfingstmontag den Saaten Nutzen bringen. Wenn Menschen an Pfingsten eine Quelle aufsuchen, wollen sie an dem neuen Leben, das mit dem Frühjahr wieder aufgebrochen ist, teilhaben.

Ende der Osterzeit

Mit Pfingsten endet die Osterzeit. Der folgende Sonntag, der Dreifaltigkeitssonntag, Trinitatis, zählt bereits zu den Sonntagen im Jahreskreis.

Eckhard Bieger

Heiliger Geist

Atme in mir, du Heilige Geist,
dass ich Heiliges denke!

Treibe mich, du Heiliger Geist,
dass ich Heiliges tue!

Locke mich, du Heiliger Geist,
dass ich Heiliges liebe!

Stärke mich, du Heiliger Geist,
dass ich Heiliges hüte!

Hüte mich, du Heiliger Geist,
dass ich es nimmer verliere!

Augustinus

Der Nachtigall Pfingstgesang

Zu Pfingsten sang die Nachtigall,
Nachdem sie Tau getrunken;
Die Rose hob beim hellen Schall
Das Haupt, das ihr gesunken!

O kommt ihr alle, trinkt und speist,
Ihr Frühlingsfestgenossen,
Weil übers irdsche Mal der Geist
Des Herrn ist ausgegossen.

Die Himmelsjünger groß und klein
Sind von der Kraft durchdrungen,
Man hört sie reden insgemein
Zu wunderbaren Zungen.

Und da ist keine Zung am Baum
Kein Blatt ist da, so kleines,
Es redet auch mit drein im Traum,
Als sei's voll süßen Weines.

Oh, ihr Apostel, gehet aus
Und predigt allen Landen
Mit Säuselluft und Sturmesbraus
Von dem, der ist erstanden!

Legt aus sein Evangelium,
Auf Frühlingsau'n geschrieben,
Dass er uns lieben will darum,
Wenn wir einander lieben.

Wer liebend sich ans Nächste hält
Und will nur das gewinnen,
Umfasst darin die ganze Welt,
Und Gott ist mittendrinnen!

Friedrich Rückert

Gelobt sei Gott, der Heilige Geist!

Heut loben wir die dritte Person,
die kommt vom Vater und vom Sohn.

Dem Vater gleich und gleich dem Sohn,
ein einiger Gott auf einem Thron.

An Allmacht gleich und Ewigkeit,
unendlich in Vollkommenheit.

Er ist die höchste Lieb allein
Und flößt uns wahre Liebe ein.

O Lebensbrunn, o Lieb, o Feuer,
o Salbung, ewig wert und teuer!
Alleluja!

Aus dem 13. Jahrhundert

Der Pilger

Man setzt uns auf die Schwelle,
Wir wissen nicht, woher?
Da glüht der Morgen helle,
Hinaus verlangt uns sehr.
Der Erde Klang und Bilder,
Tiefblaue Frühlingsluft,
Verlockend wild und wilder
Bewegen da die Brust.

Bald wird es rings so schwüle,
Die Welt eratmet kaum,
Berg', Schloss und Wälder kühle,
Stehn lustlos wie im Traum,
Und ein geheimes Grauen
Beschleichet unsern Sinn;
Wir sehnen uns nach Hause
Und wissen nicht, wohin?

Joseph von Eichendorff

Geh aus, mein Herz, und suche Freud

Geh aus mein Herz, und suche Freud,
in dieser lieben Sommerzeit
an deines Gottes Gaben;
schau an der schönen Gärten Zier
und siehe, wie sie mir und dir
sich ausgeschmücket haben.

Die Bäume stehen voller Laub,
das Erdreich decket seinen Staub
mit einem grünen Kleide;
Narzissus und die Tulipan,
die ziehen sich viel schöner an
als Salomonis Seide.

Die Lerche schwingt sich in die Luft,
das Täublein fliegt aus seiner Kluft
und macht sich in die Wälder;
die hochbegabte Nachtigall
ergötzt und füllt mit ihrem Schall
Berg, Hügel, Tal und Felder.

Die Glucke führt ihr Völklein aus,
der Storch baut und bewohnt sein Haus,
das Schwälblein speist die Jungen,
der schnelle Hirsch, das leichte Reh
ist froh und kommt aus seiner Höh
ins tiefe Gras gesprungen.

Die Bächlein rauschen in dem Sand
und malen sich an ihrem Rand
mit schattenreichen Myrten;
die Wiesen liegen hart dabei
und klingen ganz vom Lustgeschrei
der Schaf und ihrer Hirten.

Die unverdrossne Bienenschar
fliegt hin und her, sucht hier und da
ihr edle Honigspeise;
des süßen Weinstockes starker Saft
bringt täglich neue Stärk und Kraft
in seinem schwachen Reise.

Paul Gerhardt

Quellenverzeichnis

Texte

Heinz Erhardt, Ei vor Ostern © Aus: Das große Heinz Erhardt Buch, Lappan Verlag Oldenburg

Erich Kästner, Der April, aus: Die dreizehn Monate © Atrium Verlag, Zürich 1955 und Thomas Kästner ISBN 978-3-85535-960-8

Rolf Krenzer, Die Sache mit dem Osterhasen © Rolf Krenzer Erben, Dillenburg

Johannes Kuhn, Die Wurzeln des Osterfestes © Alle Rechte beim Autor

Alfred Polgar, Aber der Frühling, in: Alfred Polgar, Irrlicht. Kleine Schriften, Band 3 Copyright © 1982 Rowohlt Verlag GmbH, Reinbek bei Hamburg

Erwin Strittmatter, Erster Kuckucksruf / Weshalb mich die Stare an meine Großmutter erinnern, aus: Erster Kuckucksruf. Frühlingsgeschichten. Ausgew. von Franziska Günther-Herold © Aufbau Verlag GmbH & Co. KG, Berlin 2000 (Diese Geschichten erschienen erstmals 1971 in ¾ Hundert Kleingeschichten beim Aufbau-Verlag, Berlin und Weimar)

Erwin Strittmatter, Der graue Holländer, Erschienen in: Erwin Strittmatter, ¾ Hundert Kleingeschichten © Aufbau Verlag GmbH & Co. KG, Berlin 1992, 2008

Rudolf Otto Wiemer, Nachdenken des Joseph von Arimathia über das leere Grab, aus: Rudolf Otto Wiemer, ... dann werden die Steine schreien, R. Brockhaus Verlag, Witten 2003, © Rudolf Otto Wiemer Erben, Hildesheim

Alle Texte von Prof. Manfred Becker-Huberti entstammen dem Buch des Autors „Palmzweig, Kreuz und Himmelfahrt. Christliches Brauchtum in der Fasten- und Osterzeit", erschienen beim St. Benno Verlag, Leipzig.

Alle Texte von Pater Eckhard Bieger entstammen den Büchern des Autors „Das Kirchenjahr. Die Feste – Bedeutung. Entstehung. Brauchtum", erschienen beim St. Benno Verlag, Leipzig.